下剋上球児

三重県立白山高校、甲子園までのミラクル

菊地高弘

KANZEN

下剋上球児

【目次】

第1章 雑草だらけのグラウンド

たったひとりの野球部員

周囲の視線が背中に突き刺さった。

——あいつ、大丈夫か？

——試合もできやんのに、何しとんの？

そう言われているような気がした。

校内のクラブに入っている生徒は全校生徒の1割程度ではあるけれど、放課後になれば少ないながらも校庭で活動する運動部員がいる。しかし、グラウンドに出て練習用ユニホームを着ている野球部員は自分ひとりだけだった。

たったひとりの野球部員、青木隆真《りゅうま》は恥ずかしさを覚えながらも、ひとりで準備体操をして、ひとりで練習の準備を始める。といっても、できることなど限られている。防球ネットを立て、適度に離れた位置にボールケースを運び、ネットに向かってボールをひたすら投げ込む。ケースが空になればネットまでボールを拾いにいき、ネットスローを再開する。その繰り返しだった。ひとりでできることと言えば、あとは走ることと、バットを持って素振りをするくらいである。

「きついな……」

そうつぶやいてみても、反応する者は誰もいない。隆真が「きつい」と感じたのは、もちろん練習の強度の問題ではない。周囲の憐《あわれ》みの視線に耐えながら、孤独な練習を続けることへの絶望感だった。

1年前、隆真が中学3年生だった2011年のある日、自分が通う久居《ひさい》西中学校に高校野球部の監督が来てくれた。

「白山《はくさん》に来いや」

監督はそう言ってくれた。かつては強豪校でコーチを務め、白山高校に赴任してきた若く熱心な先生だった。といっても、隆真は注目されるような選手ではない。中学時代に所属した強豪硬式クラブチーム・三重ゼッツでは、周囲の高いレベルに圧倒されっぱなし。3年間、ベンチを温め続けていた。

その分、「試合に出たい」という思いは人一倍あった。この監督のもとなら、試合に出られるかもしれない……。そんな希望が頭の中にふくらんだ。

それと同時に不安も渦巻いた。「白山高校」という学校に対して、いいイメージがなかったからだ。

——白山か……。いい評判は聞かんし、どうせヤンキーばっかりなんやろうな……。

それでも、最終的には「試合に出たい」という思いが勝った。監督からは「部員が足りやんから1年生から試合に出られるし、試合を経験できて成長できるから」とも言われていた。

白山高校に入学すると、野球部以前に噂通りの学校の荒れように戸惑った。

全校生徒の90パーセントはクラブに所属しない、いわゆる〝帰宅部〟。部室は空き部屋だらけだった。校内のトイレに行けば、ヤンキーが何食わぬ顔でタバコを吸っている。校内の集会があれば、生徒の大多数が整列せずにバラバラとだらしなく並ぶ。体育館の壇上に誰かが立てば、ヤンキーたちは誰彼構わずヤジを飛ばし、傍若無人に騒いだ。

隆真にとってとくに印象的だったのは、ヤンキーは懸命に努力する者に対して辛辣だったことだ。

とくに運動部員は「やったって意味ないやろ」と馬鹿にされた。

2011年から白山高校に赴任していた家庭科教諭の川本牧子は言う。

「体育祭でも運動部の子が目立たないんです。運動部の子は学校では目立たない、真面目な子たち。運動神経のいい子は、だいたい部活をしていないんです。普通の学校なら逆ですよね」

運動部に所属するような生徒は、白山高校のなかでは「真面目」と見られ、むしろ異端の存在だった。

それでも、隆真には野球という大きな支えがあった。監督の「1年生から試合に出られる」という言葉通り、1年生から外野のレギュラーとして起用された。飢えていた実戦を経験して、隆真は自分がうまくなっていく実感を覚えた。

1年夏の三重大会は「7番・ライト」で試合に使ってもらえた。初戦で対戦した相手は上野高校。公立進学校ながら、2年前の2010年夏には三重大会ベスト4まで進出している強敵だった。熱心な監督がいるらしいとは聞いていた。

白山は部員12人が全員ベンチ入りしているのに対して、上野はベンチ入りの定員20人に入り切れなかったメンバー外部員が大勢スタンドで応援していた。試合が始まる前のキャッチボールやシートノックから実力差は一目瞭然だった。

試合は序盤から上野に大量リードを許し、0対9で7回コールド負け。隆真に回ってきた打席はわずか2打席で、ノーヒットに終わった。

それでも、自分にはあと2回も夏の大会がある。気持ちを切り替えて練習に励んでいた隆真だったが、そのなかで気がかりもあった。部員たちと監督の間に温度差が生まれていたことだ。

かつては甲子園に出るような強豪校にいた監督は、白山でも選手たちを厳しく指導した。自費でマイクロバスを購入し、遠征に連れていってくれる監督は、隆真には「熱い先生」と好意的に映っていた。だが、そう受け取らない部員もいた。部員が少ないなか、強豪校ばりに長時間ノックを浴びせ、ティーバッティングを強いる監督に対して、次第に不満がたまっていった。

そこへ保護者の介入もあり、監督の立場はどんどん危ういものになっていった。そうしたトラブルが重なり、監督は謹慎へと追い込まれてしまう。

部員は自分たちで活動を続けたが、「野球ができやんなら、やめるわ」と言ってひとり、またひとりと部を去っていく。最後まで残ったのは、隆真ひとりだけだった。

事実上の休部状態。隆真は「自分もやめようか」と揺れ動きながらも、1カ月あまり孤独な練習を続けた。野球部を続けた理由はただひとつだけだった。

──自分がやめたら、野球部は廃部にされてしまう。

学校内では、部員がゼロになった時点で廃部になるという噂があった。意地でもやめられん……。そんな思いで隆真はひとり、ネットに向かってボールを投げ続けた。

だが、自分ひとりがいくら頑張ったところで、野球は9人がそろわなければ試合すらできない。春になって1年生が入ってきたとしても、人数が9人そろうかは怪しい。そもそも指導者すらいない状況なのだ。

次第に、隆真の心にネガティブな疑念が折り重なっていく。徐々にグラウンドから足が遠のくようになり、練習も休みがちに。そして新学期を間近に控えたある日、隆真のなかで何かが弾けた。

──もうええわ！

自分が白山高校に入学したのは、大好きな野球を存分にして、試合に出たいからだった。その希望が失われつつある今、隆真を支えるものは何もなくなっていた。

隆真は、それまで丸刈りにしていた黒髪を金色に染めた。校則で頭髪を染色することは禁じられていたが、「高校なんてどうでもええ」と投げやりになっていた。

真面目で通っていた隆真の豹変ぶりに、教師たちは「急にどうしたんや！」と驚いた。隆真の自宅では、2学年下の弟・真朔《しんさく》もその変化に戸惑っていた。

「兄ちゃん、メッチャグレとんな……」

しかし、そんな反抗期も長くは続かなかった。わずか1週間ほどで隆真は「野球部に監督が戻ってくる」という噂を耳にする。退部していった1学年上の先輩たちも集まり始めたという。隆真は染めたばかりの金髪の頭を五厘刈りに丸め、再びグラウンドに駆けつけた。練習に参加していたのは、隆真を含めて5人だった。

隆真たちが打撃練習をしていると、見慣れない若い男性がグラウンドにやってきた。男性は「東」と名乗り、新年度から野球部の監督につくことを部員たちに告げた。てっきり謹慎の解けた監督が戻ってくるものと思っていた隆真たちは驚いたが、その妙に接しやすい新監督に親しみを覚え始めていた。

――なんや、熱そうな先生やな。熱血なんかなぁ？

驚くことに、この新監督は前年夏の大会で白山がコールドで敗れた上野高校の監督だった。

新監督は部員数も少ないため、まずは雑草だらけのグラウンドなど環境面から変えていこうと選手に告げた。なにしろ、ホームベースが土中に埋まっているようなありさまだったのだ。そして、東は突然、誰も想像しない言葉を口にした。

「ここから甲子園に行こうや！」

隆真たち5人の部員は目を見合わせ、ただただ戸惑うばかりだった。

絶望的な異動

校長に呼び出された東拓司は、希望を胸に校長室へと向かっていた。

三重県の教員採用試験に合格して、初任となった上野高校では4年目の夏に三重大会ベスト4と結果を残していた。上野への愛着はもちろんあったが、公立高校に勤める教員にとって異動はつきものである。

——上野は進学校で勉強の制約もあるし、グラウンドも狭い。どうせなら、思いっきり部活ができる学校に行きたいな。

東はそんな希望を書類にも書いて提出しており、校長も「任せとけ！」と力強く応えてくれていた。その日、校長によって異動先が東に告げられることになっていた。

ところが、校長室に入った東を待っていたのは、校長からの意外な一言だった。

「東くん、すまん。キミの野球人生を終わらせてしまった……」

言葉を失った。異動先は「白山」だった。1年前の夏、自分が率いる上野と初戦で対戦して、コールドで勝っているチームだ。知り合いでもある若い監督が悪戦苦闘しているとは聞いていたが、その監督も今やトラブルに巻き込まれ謹慎中だという。

視界に黒みがかった靄《もや》が立ち込めてくるようだった。29歳で教員採用試験に合格した東は、35歳になっていた。これから高校野球の指導者として脂が乗っていく時期。そんな大事な時期の異動先は、ただ野球部が弱いだけでなく、教育困難校として悪評が立つほどの白山なのだ。

絶望感を覚えた東だが、同時に校長の「すまん」という物言いにも引っかかりを覚えていた。まるで、はじめからあきらめているような口ぶり。それは教育者としての自分が否定されているようにも感じられた。

——よう見とけよ！

東は内心、そう毒づいていた。白山だろうがどこだろうが、自分はやってやる。苛立ちや悔しさをエネルギーへと換えたはずだった。

白山異動の内示が出たその日、東は白山へと車を飛ばし、野球部のグラウンドへと行ってみた。

グラウンドに面した道沿いには営農組合の事務所があり、通信会社の高いアンテナが建つ以外には、田畑やビニールハウスが広がるだけ。土手からグラウンドが見渡せる細い農道に車を停め、東はグラウンドを眺めた。

面積だけなら甲子園のフィールドよりも広いだろう。だが、日の沈みかけた広大なグラウンドには誰ひとりとして姿はなく、ひっそりと静まり返っていた。

誰も手入れをしていないのだろう。内野部分にはところどころ雑草が生え、ホームベースは見当たらず、各塁のベース部分には花壇が3つ置かれていた。さらに外野部分はヒザほどの高さまで雑草が伸び、とても野球の試合ができるような状態ではなかった。

——これは想像以上にやっかいやぞ……。

東のなかで、早くも後ろ向きな感情が湧いてきた。周囲の人間に異動先を告げると、ほぼ全員が同じように苦笑して、「東くん、あきらめな」と諭された。

「次の異動願を出して、なるべく早く次の高校に行ったほうがいいんじゃないか？　白山ではおとなしくしておいたほうがいいよ」

相談した他校の指導者仲間は、異口同音にそう言った。校長が言うように、やはり白山では無理なのか……。

暗澹《あんたん》たる状況に沈む東だったが、ただひとりだけ「よかったやないか！」と祝福してくれる人物がいた。それは異動直前に練習試合を組んでいた、滋賀県の野洲高校の監督を務める奥村倫成《ともなり》だった。奥村はこう続けた。

「やりたい放題できるから、むしろチャンスやで！」

奥村は東よりも年齢が3歳上ながら、ともに高校卒業後は体育系大学受験専門の予備校・体育進学センターに通ったという共通点があり、互いに親近感を覚えていた。さらに、奥村は初任の大津高校を公立進学校ながら滋賀ベスト8まで引き上げ、学力の低い野洲に異動している。そんな境遇も東と似通っていた。

「へこんでる場合ちゃうやろ！　なんでも教えたるから、練習試合の前の晩から泊まりでこいや！」

奥村に促されるまま、東は練習試合前日から野洲へと向かった。

野洲のグラウンドは、傍らを走る東海道新幹線の車窓から数秒間だけ見ることができる。内野エリアに敷き詰められた黒土は、阪神甲子園球場で使っている土と同じ種類。多くの中学生はグラウンドを見ただけで目を輝かせ、「ここで甲子園を目指したい！」と決意を固める。そんな評判のグラウンドだった。

　一塁側に設えられた2階建ての小さなプレハブ小屋の2階が監督室になっている。そこで東は、奥村からある写真を見せられた。

「これが、野洲に来て1年目の写真や」

　壁にかけられた写真には、10人の部員が並んでいた。お世辞にも強豪と呼べるような雰囲気はない。いかにも弱小の公立高校というオーラが漂っていた。

　白山もこんな感じなのだろう……。そうため息を吐く東を尻目に、奥村は「それで、今はこれや」と別の写真を指差した。

　横に長く引き伸ばされた変形サイズの額縁に収められた写真には、ユニホームを着た80人を超える野球部員が整然と並んでいた。

　言葉を失う東に、奥村はうれしそうな笑みを浮かべた。2006年4月に奥村が赴任した当時の野球部員は5名。全国制覇を成し遂げたサッカー部とは対照的に弱小チームだった野球部を奥村は立て直し、2009年秋と2012年の夏に滋賀大会で準優勝まで導いていた。奥村は東に写真を見せながら、どのような過程で野洲が変わっていったかを語り始めた。

　驚くことに、野洲の見事なグラウンドはほぼ手づくりだという。奥村や当時の野球部長である小川健太（現八幡商業部長）、コーチの橋元宏太、そして保護者の力も総動員して少しずつ環境を整えていったのだ。

　奥村のアドバイスはグラウンドの作り方に始まり、中学生の勧誘方法、自己肯定感の低い生徒の接し方といった内容から、トラブルの対処法や始末書の書き方まで多岐にわたった。東はただノウハウを伝授されただけでなく、「野洲のような前例がある」という事実に心強さを覚えた。
そして2013年4月、東は白山へと赴任する。

2時間に1本しかこない通学電車

JR松阪駅のホームに停車した、一両編成の列車がある。松阪駅から伊勢奥津駅を結ぶローカル線・名松線《めいしょう》である。1929年開業の歴史のある路線だが、ホームに掲示された時刻表を見ると1時間置きに空白がある。7時32分発の始発から21時27分発の終電まで1日8往復、2時間に1本しか走らない列車なのだ。

もともとは松阪と名張の間を運行する予定で、頭文字を取って「名松線」と命名されたはずだった。だが、別の鉄道会社が名張方面の路線を開通させたこともあり、名松線は伊勢奥津までの運行に留まっている。その後、大型台風の被害を受けるたびに廃線の話が湧いては消え、湧いては消え、現在に至っている。

松阪駅を出てしばらくは郊外を走るが、5駅目となる井関駅を越えたあたりから景色が変わってくる。進行方向の右側にくねくねとうねるように流れる雲出川が現れ、車窓には畑が広がり、小高い山々が連なる。右に見えていた雲出川は気づけば左側に移り、また小さい橋を渡れば右に移る。まるで雲出川と名松線のランデブーのように絡み合った道のりを進むと、松阪から9駅目となる家《いえ》城《き》駅に到着する。

この家城駅で下車し、徒歩10分ほどの場所に白山高校はある。

白山に通う生徒の7〜8割は名松線を利用している。名松線沿線の高校は白山しかないため、始発の乗客はほとんど白山高生で占められる。ある生徒は「白山専用車両みたいです」と笑う。

中年女性の白山町民は、こんなエピソードを語っていた。

「朝は白山の生徒さんばかりで、なかには制服をだらしなく着た不良っぽい子が車内の床にベタッと座っているんです。ただでさえ狭い車内ですから、困るのは困るんですけど……。でも、私が通りにくそうにしていたら、近くで床に座っていた別の生徒さんが『おい、どいてやれや』って言ってどかしてくれたんです。怖そうに見せて、本当はかわいい子たちなんですよ」

証言してくれた女性は好意的な見方をしているが、そんな寛大な地元住民ばかりではない。「しょうがないやつらだ」と眉をひそめる者もいたに違いない。その証拠に、高校にかかってくる苦情電話も多かった。

野球部の監督に就任した東は、この名松線に白山の生徒たちのコンプレックスがあるのではないかと見ていた。

「白山の生徒ばかりが乗るので、『人に見られる』という意識がないんですよ。白山の生徒にとって、名松線に乗ること自体が劣等感の始まりなんです。松阪駅には近鉄線も出ているんですが、通勤する人など利用者が多くて本数も多い近鉄線に比べて、名松線は2時間に1本しか出ない。他校の生徒が近鉄線に向かうのを横目に見ながら、白山の生徒は名松線に乗り込むんです」

白山高校は1959年に前身の久居農林白山分校が廃止され、同年4月1日から開校された歴史のある学校だ。白山町に住む人間に地元の進路先として重宝されていたが、過疎化が進むとともに人気が低迷していった。

かつては全校生徒が1000名を超えた時代もあったものの、2010年以降は1学年120名の定員にすら満たなくなった。『家庭教師のトライ』が発表している三重県内の公立高校の偏差値一覧によると、白山はもっとも低い「40」に位置づけられている。多くの生徒は志望校に落ち、「入れる学校がここしかなかった」と後ろ向きな姿勢で入学してくる。胸を張って「自分は白山高生です」と言うのがはばかられるほどだった。

白山の校舎からわずか徒歩2分の立地でクリーニング店を営んでいる畑公之は、こんな光景を見てきたという。

「10～15年前（2000年代前半）はダラッと制服を着て、ゴミは散らかすし、田んぼの裏や物陰に隠れてたばこを吸う子がたくさんいましたよ。毎朝、先生が校門の前で『遅刻やから早く行け行け！』って生徒を押し込むようにして連れていっていました」

多くの生徒にとっては「行きたくなかった高校」であり、地元の人間にとってもどこか煙たい存在。それが白山高校だった。

屈辱の壮行会

「どうせコールドで負けるんやから、壮行会なんかやらんでええやろ！」

体育館に大声が響き渡り、発信源の周囲に下卑た笑いが広がった。

2013年夏の三重大会に臨む野球部の壮行会。体育館の壇上に上がっていた新監督の東、東に請われて野球部部長に就いた川本、そして11人の野球部員たち。彼らに浴びせられたのは激励ではなく、生徒からの心ないヤジだった。

2年生の隆真は「悔しい思いはありましたが、勝って見返してやろうと思った」と屈辱を飲み込んでいたが、それ以上に怒りに震えていたのは、監督の東だった。

「ヤジを飛ばしたヤツもそうですけど、それを止めない教員にも腹が立ってしょうがなかったんです。教員に元気がない。これが白山高校の現状なんかと思いました」

とはいえ、チームに自信や手応えがあったわけではない。

東が赴任時にいた野球部員5名に加えて、新入生が4名入部したものの、なかには試合に出せないレベルの選手もいた。東は部員集めに躍起になり、一度は退部した者をひとり呼び戻し、さらに自分が担任を務める3年生のクラスに中学時代に野球部だった生徒がいると聞き、「頼むで、出てくれ」と依頼。その助っ人部員がセンターのレギュラーとして試合に出てしまうようなレベルだった。

指導陣は監督に東、部長に川本を据え、若い講師の森田亮太がコーチを務め、佐々木崇が副部長として支える体制になった。

初戦の対戦相手は同じく公立高校の紀南《きなん》。紀伊半島の東部、三重最南端の高校であり、地理的に生徒が集まりにくい条件は紀南も同じだった。それだけに、東としては「勝てやんでも、9回まではできるやろう」と考えていた。三重大会は5回終了時に10点差、7回終了時に7点差がついていればコールドゲームになるが、たとえ紀南に勝てないとしてもコールド負けは回避できるだろうと踏んでいた。

試合は3回表の白山の攻撃を終えた時点で2対2。三重県営松阪野球場の白山側応援スタンドに集まった、数少ない関係者も歓声をあげた。

しかし、そこから東が「地獄でした」と振り返る展開が待ち受けていた。白山守備陣は四球やエラーを連発し、3回裏に1点、4回裏に6点と失点を重ねていく。

「選手たちは冬の練習をしていないので、試合が進むにつれて体力がなくなって、足が動かなくなっていくんです。ベンチで見ていて、『なんでそうなるの？』と思うようなプレーが続きました」

5回裏に3点を奪われ、この時点で2対12。コールドゲームが成立した。東が白山に赴任して最初の夏は、5回コールドであっけなく散った。皮肉にも、壮行会でヤジを飛ばしたヤンキーの「予言」が的中した形になった。

「誰も注目なんかしていないんやろうけど、上野で曲がりなりにもやってきた自負はあったんです。勝てるはずはないけど、なんとか9回まで騙し騙しでもいいからやりたかった……」

東はそんな苦い思いを噛み締めていた。

軍手をはめた野球部員

3年生が引退し、新チームが始まると部員は7人になった。またもや試合ができる人数ではなくなり、活動は野球以前に違うベクトルへと向かった。

野球部員は手にグラブではなく軍手をはめて、グラウンド中に生い茂った雑草を抜き始めた。新チームからキャプテンに就任していた隆真は言う。

「3年生が引退してから、夏休み中は半日以上は環境整備をやっていましたね。朝に集まって、昼までは体力づくりや練習をして、午後は環境整備の時間なんです」

東はすでに4月から徐々に環境整備を始めていた。4月には雨が降って地面が軟らかくなった日に、耕運機でグラウンドを耕した。土を掘り起こし、鉄のレーキでならし、後部に網目の金属製整備具を取りつけた軽トラックを牽引する。それだけでも内野部分はかなり整備された。

東はこの白山の広い敷地を生かし、試合ができるだけのグラウンドに仕上げたいと考えていた。

「僕は足跡ひとつついていないような、きれいな土のグラウンドが好きなんです。草一本生えていないようなね。前の上野高校でも、後ろに鉄のレーキを取りつけた車を引いて、休み時間に自分で整備していました。甲子園の試合では、阪神園芸（甲子園球場のグラウンドを整備・管理している会社）が試合前にグラウンドをきれいにならすじゃないですか。僕はあの感じで子どもたちに練習させてやりたいんですよ」

問題は外野一面に生い茂った長い雑草と、センター後方に小さな木が1本生えていたことだ。選手たちは来る日も来る日も雑草を抜き続け、木はスコップで根こそぎ掘り起こした。至るところに大小さまざまな大きさで転がる石も、拾っては捨てた。

しかし、草や木を取り除いても、外野フェンスがなければ試合はできない。そこで東は上野時代から世話になっていた、鉄工所に勤める保護者に連絡を取る。

「ネットをたくさん作ってもらえませんか？」

1メートル50センチ四方程度のシンプルな防球ネットを大量に作ってもらい、外野の奥に半円状に並べれば立派な〝外野フェンス〟になる。だが、白山の野球部にそんなネットを購入するだけの予算があるはずもなかった。

そこで、東は結婚したばかりの妻にこう申し出る。

「俺が独身時代に積み立てていた生命保険があるんやけど、それを解約して使ってもええか?」

貯蓄型の生命保険は、その時点で約100万円になっていた。妻の承諾を得て100万円の自己資金を得た東は、外野フェンス用の防球ネットを購入。さらに前監督が自腹で購入していたマイクロバスを40万円で安く譲渡してもらった。

そして、東にとって大きな援軍が登場した。それは隆真の父・義則である。義則は津市内で「青木建設」という、住宅リフォームなどを手がける建設会社の社長を務めている。前監督時代から息子の応援に駆けつけては、「日差しがえらい(しんどい)ので、屋根を作ってもええですか?」とベンチに屋根を取りつけるなど、環境整備に一役買っていた。東が監督になった後も、義則は「鳥カゴ」と呼ばれる四方をネットで区切った打撃練習ケージを作るなど、職人ならではの仕事ぶりで貢献したのだ。

「自分は野球にはくわしくないので、東先生に言われるがままに作っとりました。私がやったのは、主にバックネット裏の整備ですね。材料代だけいただいて、手間はボランティアですわ。あとは突風が吹きやすい土地柄なので、台風が来るたびに壊れたベンチやネットを直していましたね」

選手たちは野球の練習よりも野良仕事のほうがメインの日々を過ごした。もちろん「野球がしたい」と不満を募らせる部員もいたが、隆真は未来に希望を見ていた。

「『グラウンドを自分たちが変えているんや!』という楽しみがありました。もちろん試合はしたかったですけど、来年1年生が入ってくればできるやろうと。まるで自分たちの家を作っているような感じでしたね」

内野に黒土を入れ、外野にネットを並べ、最後にポールを建てる。グラウンドの規格は甲子園球場の数字にそろえた。それは、東の「いつかこの学校から甲子園を目指せるだけのチームができるように」という思いが込められていた。

1年間をかけて環境整備に取り組んでいた選手たちだが、まったく試合をしなかったわけではない。部員が7名しかいないため、秋の大会は白山単独ではチームが組めなかった。そこで同じく部員が9名に満たない伊賀白鳳高校と連合チームを組み、公式戦に出場することになったのだ。

連合チームの監督は東が務め、白山7名、伊賀白鳳8名の選手たちは定期的に集まり、白山のグラウンドで汗を流した。しかし、白山側からレギュラーになったのは隆真ひとりだけだった。「身内びいきにならないように」と東が配慮したわけではない。

「単純に青木以外は白山の選手より伊賀白鳳の選手のほうがうまかったんです。伊賀白鳳の生徒たちにもメッチャ怒りながら練習していましたね」

三重県の高校野球は、秋と春の大会は7地区に区切って予選を行い、敗者復活戦も含めて地区予選の上位2~5校が県大会に進出する形式になっている。白山と伊賀白鳳の連合チームは8月17日から9月1日までの地区予選で4勝を挙げるなど健闘したものの、伊賀地区第3代表決定戦に敗れて県大会出場を逃した。

翌春3月の地区予選では2戦2敗であえなく敗退。ここで新1年生が入学する新学期に突入するため、伊賀白鳳との連合チームは解消された。

東は「伊賀白鳳の生徒たちへの思い入れもメッチャあるんですよ」と、約半年間の活動を共にした連合チームへの愛着を隠さない。

そして2014年4月、東にとって白山2年目の新学期がやってきた。

第2章

牛歩のごとく進まぬチーム

はじめてのガッツポーズ

新学期、1年生は10名も入ってきた。

そのなかには、隆真の弟・真朔の姿もあった。隆真は東に「責任を持って弟を連れていきます！」と宣言していたのだ。

だが、真朔は隆真よりも野球への自信のない選手だった。兄が強豪クラブチームで悪戦苦闘する様子を見て、「とても自分はムリや」と悟り、久居西中の軟式野球部に入部する。しかし、中学野球部も練習は厳しく、レベルが高かった。真朔は基本的に控えとして過ごし、試合には出たり出なかったりという部員だった。

「白山なら自分も出られるかな？　と思って入ったんですけど、僕らの代で部員が増えて、結構うまい選手もいるなぁと思いました。あとは雰囲気がメッチャ緩い感じ。先輩もしゃべりやすいし、厳しい高校ではないんやなと感じましたね。一応、敬語は使うんですけど、ほとんど同い年のような感じで」

真朔は「結構うまい」と言うが、多くの1年生は他校の受験に失敗して白山に入学した生徒がほとんど。真朔と同じように中学時代は控えだった選手が多かった。

とはいえ、白山は伊賀白鳳との連合チームで隆真しかレギュラーになれなかったチームである。他校でトラブルを起こし、退学して転入してきた問題児もいれば、頻繁に練習をサボるような怠け者もいる。また、真偽不明の体調不良を理由に、練習を頻繁に欠席する者もいた。東にとっては「上野時代には考えられん」と面食らうことが多かった。環境整備にも時間を取られたため、年間通して鍛え込めたわけではない。1年生でも十分に即戦力になった。

夏の三重大会は1年生5名がスタメンに名を連ねた。3年生のレギュラーは隆真のみ。そんなフレッシュな陣容で7月19日、津工業との1回戦を迎えた。

「津工の竹内（伸）さんは僕の中学時代の先輩で、僕が教員採用試験に受かる前には昴《すばる》学園におって、『ウチへ来いよ』と講師として呼んでくれた恩人なんです。そんな縁を感じとったんですけど、手も足も出なかったですね」

白山にとっては武運もあった。津工の猛攻に遭って大量ビハインドを負いながら、試合中に大雨が降り、雷鳴も轟《とどろ》いた。試合は降雨中止となり、翌日に順延になったのだ。

「普通なら、翌日にひっくり返すのが〝高校野球あるある〟なんですけど……」と東が思い描くような展開にはならず、翌日も2対11と大量点を許して7回コールド負け。東の目には、白山には技術以前の問題が山積みに見えた。

「やっぱり冬の練習を経験していない1年生ばかりで、途中まではよくても次第に足が動かなくなっていくんです」

そして、この試合は隆真にとって高校最後の試合になった。白山高校としては1勝も挙げることができないまま、隆真の高校野球は終わりを告げた。試合後、隆真は大粒の涙を流し、後輩たちに思いを託した。

「夏が終わって、いろんな思いがこみ上げてきました。ひとりで練習をした時期のことや、みんなで環境整備をしたこと。3年間、ガッツリ練習したわけではないけど、他の高校では味わえん3年間やったと思いました」

隆真ら3年生2名が引退し、新チームが発足した。ただ前年とは違い、部員数は9人を超え、グラウンドは整っている。隆真たち上級生の尽力によって、選手たちが野球に打ち込む環境は整備されていた。

ただし、その出鼻をくじくようなニュースがチームに飛び込んできた。新チーム最初の公式戦となる秋の中勢地区予選初戦の相手が、夏に大敗を喫した津工だったのである。

真朔は「またコールドで負けるんかな」と不安を抱いたが、それはチーム全員の思いでもあった。ところが、8月17日の決戦当日、試合は意外な接戦になった。レフトで出場した真朔は不思議な感覚にとらわれていたという。

「試合前からチームメートと『9回まで戦えたらええな』なんて話していたんです。それが5回まで優勢で、『いけるんちゃう?』となっていって……」

3年生が引退した新チームともなれば、よほどの強豪校でない限り戦い方は不安定なものだ。延長戦までもつれ込んだ試合は、白山が津工から4対3とリードを奪い、そのまま終わってしまった。

真朔の父・義則はその瞬間、スタンドで固まったまま動けなくなった。

「隆真のときは1つも勝てませんでしたから、『やっと勝てたなぁ……』と保護者も立ち上がれませんでしたわ。初めて東先生のガッツポーズも見ましたね。今まで試合を見てきて、バックネット裏で他校の生徒や保護者が白山の下手くそぶりを見てクスクス笑うようなところも見てきましたから。むしろ津工の選手たちのプライドを傷つけてしもうて、かわいそうやなと思ってしまいました」

対戦校の親目線になって同情する義則に対して、息子の真朔はこの1勝が「すごく自信になった」

という。

「それまでは『大量失点で負けんように頑張ろう』と思っていたのが、『自分たちでもやれば勝てる』と思えるようになりましたから」

一方、敗れた津工監督の竹内は、白山の大きな成長ぶりを感じていた。

「東が白山に来た年の6月に練習試合をしたときは、ウチが2試合とも圧勝したんです。『これはキツイやろうな……』というのが第一印象でしたね。東にも『ここが試練やから、耐えるんやで』と励ました記憶があります。でもそこから年を追うごとに、チームがタフになっていきました。秋に負けた試合では『こんなに粘り強くなるものなんか！』と驚きましたね」

東は白山単独チームとしての公式戦初勝利を噛みしめつつ、「この1年生を鍛えていけば、どうにかなるかもしれん」という実感を覚えていた。それは白山に赴任して以来、初めて得た手応えだった。

白山は続く2回戦で津東に1対4で敗戦。敗者復活戦となる二次予選では初戦で高田に0対3で敗れ、ラストチャンスとなる三次予選では因縁の津工と相まみえ、今度は5対6と返り討ちに遭った。3連敗で県大会には進めなかったものの、すべて3点差以内で「野球を戦えている」ということは、大きな進歩だった。

やっと軌道に乗ったと思えた白山だが、その後も牛歩のようにじりじりと前進していく、まどろっこしい歩みが続いた。

練習試合に行けば現地までたどり着けなかった者がおり、メンバーがそろわず対戦相手から選手を借りることもあった。練習が少しでも厳しくなると、グラウンドに顔を出さなくなる者もいた。

彼女ができて、デートのため練習を無断でサボる者もいれば、タバコが見つかり、謹慎へと追い込まれる者までいた。

練習は積み、練習試合でもポツポツと勝ち星が増えてきた。それでも、東のなかで「やりきっている」という思いが芽生えないまま、時間だけが過ぎていった。

久居の惨劇

2015年夏、白山の三重大会初戦の対戦相手は名張《なばり》桔梗丘《ききょうがおか》に決まった。

県内では「白山がやるんちゃうか？」とささやかれ始めていた。1年生の新入部員5名を加えて、部員も17名まで増えた。東にとっては白山での3年目、そろそろ結果がほしい時期だ。

立ち上がりから白山は優勢に試合を進め、3回終了時点で4対0とリードを奪っていた。「これはワンサイドいくんちゃうか？」と東は色めきたったが、4回表に一気に4点を奪い返されて同点とされると、5回表には2点を勝ち越される。その後も小刻みに失点を重ね、8回表終了時点で4対11。気がつけばいつも通りのコールド負けペースだった。

それでも、なんとか8回裏に1点を奪い返して、コールド負けを回避。最終的には9イニングを戦って5対11というスコアで、今年も初戦負けに終わった。

東は必死に前を向こうとしていた。

「初めて9イニングを戦えたということは成長や、と感じました。1年目は5回コールド負け、2年目は7回コールド負け、3年目は9回を戦えた。負けたのは悔しいけど、うれしさもありました」

新チームは真朔たちの学年が最上級生になる。2年生からキャプテンを務めるショートの尾上大地、投手の中野僚太、服部瑠音ら1年時から試合に出場する経験豊富なメンバーもおり、1年生にも強豪・津リトルシニアでレギュラーを張っていた佐々木千浩がいた。少しずつ戦えるメンバーはそろいつつあった。

そして東には、ある奮起する理由があった。それは東が県内の同年齢の監督として強くライバル視している宮本健太朗が、津商業を初めて甲子園に導いたのだ。津商は甲子園でも全国常連校・智辯和歌山を9対4と圧倒してインパクトの強い戦いぶりを見せていた。そんな宮本は県内で「若きカリスマ」と呼ばれ、脚光を浴びていた。

「宮本も甲子園に行ったことやし、俺もいきなり甲子園は無理にしても、秋の県大会には行きたいな」

東は秘めた思いを胸に、秋の中勢地区予選へと臨んだ。そんな白山の前に立ちはだかったのは、津市内の公立進学校として知られる津西高校だった。

津西の監督を務めていたのは、村田治樹《はるき》（現宇治山田商業監督）である。「最短時間の最大効率」をテーマに、短い練習時間で密度の濃い練習をする津西の取り組みはさまざまな媒体で紹介されていた。村田にとっても、白山は油断のならない相手と映っていた。

「東くんがホントよう頑張っているし、強くなり始めていることは知っていました。東くんはあっけらかんとしているようで、すごく負けず嫌いな監督。腰は低いし謙虚だけど、ものすごく研究熱心で一生懸命なんです。上野の頃から粘っこいチームを作っていて、『やるなぁ』と思っていました。白山でも、集中力の持たない子をうまく扱っているように見ていました」

津西を破り、その勢いで県大会まで駆け抜ける――。そんなストーリーを描いていた東を待っていたのは、過酷な現実だった。

8月15日、久居高校グラウンドでの一戦。次から次へとホームベースを駆け抜ける津西の選手たち。スコアボードには次々と津西の得点が刻まれていく。捕手を務めた真朔は、内心こんな思いを抱いていた。

「勢いで勝てるかも……と思っとったけど、甘かった。白山とは体つきからして違うし、今のままじゃ何をやっても絶対に勝てやん。悔しいというより、『なんでこんなに違うんやろ？』という気持ちばかりが浮かんできました」

試合が進むにつれ、いつもはベンチから大きな声を張り上げて選手を鼓舞する東がどんどん静かになっていく。真朔は「こんな東先生を見るのは初めてや」と感じていた。

最終スコアは2対21。試合が終わりに近づくと、東の目からは涙が流れていた。

「まったく歯が立たないんですよ。津商の宮本は甲子園に行って、結果を残しているのに、自分は『絶対に県大会に行くぞ！』と低い目標を掲げているのに、全然ダメで。『自分は何してんのかなぁ……』と思うと、試合中でも泣けてきてしょうがなかったですね。『こんなにも前に進まんのか？』と。ホントにきつかったですね」

東の嘆きは、ただ野球の結果だけを見て生まれたものではない。ここに至るまで、東は練習の合間を縫ってはさまざまな中学校、クラブチームを回り、選手勧誘のために中学野球の指導者に頭を下げ続けてきた。だが、「白山」と学校名を聞いた瞬間に態度を硬化させる者もいた。「この選手が入ってくれれば……」と思うような選手は、次々と同じ津市内の津商へと流れていく。

「中学のいい選手は、頼まんでも津商に入っていく。でも、白山には補欠しかこない。宮本は人間的にすごくいいヤツで、みんなから好かれる憎めないヤツなんですよ。だからこそ勝ちたいと思ってやってきました。でも、同じ教員やのに、この差はなんなんやろうと思っていました」

さらに白山にとって悪いニュースは続く。入学直後から主力として活躍していた2年生が、このタイミングで退部を申し出たのだ。

2015年秋、東はどん底まで落ちていた。

チーム外の理解者たち

「大丈夫や、まだ声に力があるから」

電話口から聞こえてくる奥村の励ましの声を聞いているだけで、東には自分の窮状を心からわかってもらえる安心感があった。東は部内でトラブルが起きたり、指導に行き詰まりを覚えるたびに、野洲の奥村へと電話をかけていた。驚くことに、白山で起きるような問題の多くは、すでに野洲でも起きていることだった。時には野洲へと赴き、奥村や野洲でコーチを務める橋元宏太と酒席を囲み、愚痴をこぼすこともあった。

東がとりわけ苦戦していたのは、部員集めだった。野球をできるだけの人数はそろうものの、レギュラークラスの選手はほとんど白山には来てくれない。真面目に取り組む選手はいるのだが、公式戦になると弱気が顔を出して勝ち切れないシーンが多々見られた。自己肯定感の低さは、白山高生の気質と言ってもよかった。

だが、野洲で部員数を何十倍と増やしてきた奥村は、東にこう諭すのだった。

「最初は100人リストアップして、10人来てくれたら御の字やで。最初から15人とか来るわけないやん。オレが親でもそうするわ。まずは『自分の子どもに行かせたい』と思うような学校にせなアカン」

そして奥村は、中学生勧誘の奥義を東に伝授した。

「ええか、レギュラーに声かけたって来てくれるはずがないやろ。最初に見るんはグラウンドやない。ベンチや。ベンチの端っこで一生懸命に声を枯らして応援してるヤツ。そういうヤツをくださいと言うんや」

主力選手は強豪校へ行くに決まっている。ならば、控え選手のなかからとりわけ野球が大好きで試合出場に飢えた選手に声をかける。そういう選手は、野球が好きだからよく練習するし、前向きな取り組みでチームに好影響を与える。奥村は野洲に赴任した当時、コンビを組んだ25歳の若い部長・小川健太とともに、この手法で中学校を回っていたという。見るべきポイントはベンチ、ランナーコーチ、ボールボーイ、ブルペンにあった。

奥村からヒントを得た東は、その方法で中学生勧誘に本腰を入れた。だが、県内指導者の白山への拒否反応は想像以上だった。ある中学校では、教師が生徒に「勉強ができやんと白山に行くハメになるで！」と悪い引き合いに出しているという話も聞いた。

それでも、地道に中学校を回る東の努力を認め、少ないながらも理解を示す者がいた。そのひとりが津リトルシニアの監督を務める道原貞幸（現総監督）だった。

「東先生のことは彼が高校生だった頃から知っていますし、『いい選手やなぁ』と思っていましたよ。彼は上野高校を強くしましたけど、上野は本来なら強くなるようなチームやないんです。進学校だから入学するのは大変やし、なかには大学受験に備えて部活をやめてしまう生徒もいるしね。グラウンドだって狭いでしょう。そんなチームを強くするには、並大抵の情熱では無理なんですよ」

東と道原は20歳以上の年齢差がありながら共通の知り合いもおり、浅からぬ縁があった。白山に異動する際、周囲から「白山を強くするのはあきらめたほうがいい」となだめられる東を見て、道原は「せめて自分だけでも力になってやりたい」という思いを抱いたという。それは親しい関係者から「白山の次の異動先で頑張れ」と励まされた東が、「ここで強くなるんや！」と言い張ったことに好感を持ったからだ。

「東先生という人は、本当に真面目で野球のこと、生徒のことしか考えていない。野球界には、自分の殻に閉じこもった意固地な指導者も多いんですが、東先生は誰の意見でも真剣に聞いて、貪欲に取り入れようという姿勢がすごくある。私よりだいぶ年下ですけど、尊敬しとるんですわ」

２０１２年から２０１４年まで、津シニアには佐々木千浩という選手がいた。東海・北陸選抜に選ばれるほどの実力者だったが、家庭の事情もあり公立校への進学を希望していた。三重県内で公立の強豪といえば菰野《こもの》やいなべ総合学園が選択肢にあがる。だが、地理的に自宅からは通えないため、下宿で経済的な負担がかかることが懸念された。

そこで道原は佐々木に「白山はどうや？」と提案する。東という熱心な指導者がいることを伝えると、佐々木は「白山にお世話になりたい」と口にした。学校の評判の悪さを思えば家族は不安だったに違いないが、最終的に親も白山進学を了承してくれた。

津シニアは三重県内だけでなく、埼玉県の名門・花咲徳栄《はなさきとくはる》など、県外の強豪にも選手を輩出している。そんなチームから白山に進学する選手は、道原が記憶する限り「20年くらい前に他校を落ちた子が二次募集で行ったのが最後」だった。

津シニアから白山に選手が進むということは、周囲に及ぼす波及効果が大きい。他チームも「津シニアが選手を送るのなら……」と影響を受け、白山に対する風向きが変わってくるからだ。

さらに道原は頻繁に白山のグラウンドを借りて練習や試合をしては、県内外の中学硬式チームの指導者をことごとく東に引き合わせた。道原はリトルシニアの東海・北陸選抜の監督も務めており、顔が広かったのだ。

道原がここまで白山に肩入れしたのは、東の人柄に惚れたこともあるが、一方でこんな思いもあったからだという。

「白山高校はすっかり評判が落ちてしまいましたけど、昔はそんな学校じゃなかった。私らが高校生の時分には生徒も多かったし、活気がありましたからね。それが今では過疎化が進んで、JR（名松線）が廃線危機になったり、白山町自体に元気がなくなってしまった。少しでも野球部が強くなることで、町に活気が出たらいいのに……と思っとったんです」

道原という「地獄に仏」のような理解者を得て、東は救われる思いがしたという。

若いコーチたちの奮闘

「あの東先生が泣いとる……」

2015年秋の地区予選で津西に大敗した試合を、諸木《もろき》康真《やすまさ》は唖然とした表情で見つめていた。

津西の安打が出るたびにベンチで記録員を務める川本がスコアブックに赤ペンで印を書き込むため、スコアは真っ赤に染まっていた。

2015年度から白山野球部には2人の若い指導スタッフが加わっていた。ひとりは25歳の福田浩平。東の上野高校時代の教え子でもあり、英語講師として採用された。そしてもうひとりが、同じく体育講師として採用された33歳の諸木だった。

諸木は久居高校、大阪体育大を通じて東の後輩にあたる。とはいえ学年は4年も違い、プレーをともにしたことはない。東と初めて会ったのは高校3年時だった。大学受験に失敗した諸木は、東と共通の恩師である松崎敏祐《としひろ》からある提案を受ける。

「浪人するなら、体育大学専門の『体育進学センター』いう予備校があるから、そこ行ったらどうや？　東くんもそこに行って、大学に入ったから」

学年は重なっていないとはいえ、諸木にとって東はスーパースターともいえる存在だった。高校時代は主力選手として、久居を三重県ベスト4、ベスト8の常連へと牽引していた。大阪体育大進学後もレギュラーとして活躍していると聞いていた。

初めて会った東は「気さくで面倒見のいい先輩やな」という印象だった。その後も連絡を取り合うようになり、大学入試を受ける際には東が一人暮らしするアパートに泊めてもらった。大阪体育大に合格すると、入れ違い卒業する東から「アパートを引き払うからもっていけ」とベッドなど家財道具を無料で譲り受けたこともあった。

諸木は大学卒業後、阿部企業、京都ファイアーバーズ、エナジックと社会人野球チームを渡り歩いた。沖縄の企業チーム・エナジックで内野手として6年間プレーした後、「大卒で10年間プレーしたし、区切りやな……」と引退を決意する。

そこで東から「講師の枠が空きそうなんやけど、帰ってこんか?」と誘いを受けたのだった。東は諸木のことを「教員向き」と見ていた。

「諸木は真面目やし、いずれは教員になったほうがええと思っとったんです。ことあるごとに沖縄に電話して『帰ってこいよ』と言っていましたね。諸木の父ちゃんも帰ってきてほしいと言うとったんでね」

諸木の実家は、実は白山町にある。白山高校までは徒歩圏内と、身近に感じながら生まれ育ったのだ。ただし、諸木にとって白山は親しみの湧く学校ではなかった。

「僕が通っていた小学校が近くにあるんですけど、白山高校の前は高校生が怖くて通りたくなかったですからね」

高校進学先を決める際も、白山が選択肢に入ることはありえなかった。そんな諸木が30歳を過ぎて、講師として白山に赴任することになったのだ。

「『白山やからイヤ』とか、そういう思いはまったくなかったですね。機会を与えてもらって感謝しかありませんでした」

赴任当初は生徒たちにもどかしさを感じることも少なくなかった。野球がうまくなりたいなら練習すればいい、うまくなりたいなら規則正しい生活をすればいい。そう考えていた諸木の「常識」は、白山の生徒たちには通用しなかった。

「目標に近づくために、やらなアカンことがあるわけですけど、この子らはそこを求めていないんやと気づきました。だからきっちり管理して、指導者が押しつけることは違うんやと。もちろん、自分の行動には責任が伴うものですし、大事なことは伝えているつもりです。ただ、白山では生徒のことを認めてやらな、野球はできやんと思いました」

バイタリティーにあふれる東が生徒たちにやや恐れられているのに対し、諸木は親しみやすい兄貴分として選手に接した。

「僕は野球を長く続けただけで、全然大した選手ではなかったんです。東先生は大学でも2年生からAチームで、僕からしたらスーパースター。僕は大学ではAチームに入ったり入らなかったりで、リーグ戦にも出ていません。白山の生徒たちがうまくいかない気持ちもわかるつもりです。できないことを『なんでできへんのや?』と怒るのではなく、『どうやったらできるようになるか』を考えるスタンスで指導しています」

自分が現役高校生だったら指導者に怒られるようなことを白山の生徒がしていても、諸木はぐっとこらえるようになった。「許容範囲を広げないと、白山ではやっていけない」と悟ったからだ。その大きく広げた許容範囲を逸脱したと感じたら、そこで初めて生徒を叱る。諸木はそうして白山での指導スタンスを固めていった。

一方、福田は生徒たちから「真面目な性格で、聞いたことに対して真剣に返してくれる」という態度が好評な指導者だった。東との出会いは、福田が上野高校3年時に東が新任の教員としてやってきたときだった。福田は言う。

「東先生は今も昔もずっと変わらないですね。野球のいろんなことに興味があって、若い指導者であろうと『どうやってやんの? ウチの生徒に教えたってや!』と言える。いろんなものを取り入れていく柔軟性があるんです」

上野で甲子園を目指して戦っていた福田にとって、白山の野球部は「グラウンドは広いけど、自分が思っていた『高校野球』とはかけ離れている」という印象だった。それでも自分に自信がなく、大事な場面でミスを犯して勝利をつかみ損ねる選手たちとともに悩みながら、指導にあたっていた。

東が現場の総指揮を取り、部長の川本が事務仕事を一手に引き受け、諸木、福田の若いコーチが選手と東のパイプ役になる。徐々にそうした体制ができあがってきた。

公立校を勝たしてくれる投手

練習後、愛嬌のある笑顔で話しかけてくる大人がいた。

「もし三重高がアカンやったら、ウチも頼むで?」

東と名乗ったその大人は、白山高校の監督を務めていると言った。声をかけられた山本朔矢《さくや》は内心、「白山ってどこや?」と思っていた。高校の存在すら知らなかったのだ。

山本は三重県松阪市にある強豪硬式クラブ・松阪梅村リトルシニア(現奥伊勢松阪リトルシニア)のエースだった。シニアの監督が三重高の出身だったこともあり、毎年主力選手が三重高に進学していた。山本は兄・庸真《ようま》も三重高に進学し、高校3年夏には背番号10をつけて甲子園に出場。控え投手ながら打力も高く、主にレフトやライトを守って2014年夏の甲子園で準優勝という大躍進を遂げた。

そんな兄の姿を見ていただけに、山本も自然と三重高への進学を頭に思い描いていた。しかし、気がかりがひとつあった。それは「自分は勉強がまるでできない」という欠点があることだ。

「中学の成績が全然ダメで……。最初の頃はよかったんですけど、だんだん難しくなって、追いつけなくなりました。授業は受けているんですけど、わからないんです」

山本は三重高の推薦入試に失敗。その後、近大高専の試験も受けるが、これもまた不合格に終わる。そこで山本の脳裏に、東の顔が浮かんだ。

入試の日、初めて松阪から名松線に乗り、家城駅で下車して白山へと向かった。三重高の大きく立派な校舎に対して、白山は老朽化が進んでおり、ほころびが目立った。

「こんなもんか……」

山本のなかでは三重高への未練も消化できないままだったが、「ここで頑張れば上(大学)でも野球はできるんやから」と気持ちを切り替え、入試に向かった。

東としても、山本は「ウチに来るような選手ではない」と半ばあきらめていた。そもそも松阪梅村シニアに足を運んでいたのも、主に2番手投手の勧誘だったのだ。

「山本の兄貴が甲子園で準優勝していたのは僕も知っていましたから、『三重高やろうな』とは思っていました」

山本の両親とも話をする機会があったが、そこで東は山本の父からこんな言葉をかけられる。

「正直言って、どこを目指してやられているんですか?」

東にとっては、カウンターパンチを食らうような衝撃があった。それと同時に、これが現実だとも納得できた。大事な息子をこの人に預けられるのか、自分が見極められているように感じた。東は山本の父にこう返した。

「今は弱いですけど、ひとつでも多く勝ちたいと思っています」

松阪梅村シニアの選手・指導者の間では、山本が白山に進学することに「もったいない」という声があがっていた。将来プロを目指せるようなスケールこそないものの、山本のコントロールのよさとマウンドさばきは、高校野球で即戦力になると評判だった。ある関係者は東にこう言ったという。

「朔矢はテンポ、リズムがいいピッチャーやから。甲子園に行けるピッチャーではないけど、公立高校を勝たしてくれるピッチャーやで」

この関係者の言葉は、のちのち東の脳裏に蘇ってくることになる。

なにはともあれ、強豪シニアのエースが白山に進むことになった。2016年度の新学期には、山本以外にも20名近い新入部員が白山に入学することになっていた。

東が白山に赴任して4年目、ようやく体制が整いつつあった。

第3章

10年連続三重大会初戦敗退

物怖じしないルーキーズ

2016年4月、白山野球部に18人の新入生が入部し、東が監督に就任してから初めて3学年合わせて20人を超えた。

真朔は中学時代のユニホームを着て並ぶ1年生に、どこか気後れしている自分に気がついた。後輩ながら、「オーラがあるな……」と感じていたのだ。

正捕手を務めていた真朔は東に呼ばれ、「山本のボールを受けてみろ」と命じられた。山本は170センチに満たない小さな体だが、どこかマウンドでの仕草がこなれているように感じられた。ゆったりとモーションに入り、スリークォーターの角度からしなやかに腕を振り抜く。真朔はそれまで自分が受けたことのないボールの回転のよさに面食らいながら、必死で捕球した。

「メッチャいい球やね！　どっかのエース？」

すると山本は「松阪梅村でやってました」と応じた。県内外の強豪に選手を輩出している松阪梅村シニアのエースが白山に来たのか……。真朔は驚きを隠せなかった。

「ただボールが速いだけじゃなくて、コントロールもいいし変化球のキレもいい。その一瞬で、チームで一番いいボールを放るピッチャーになりましたから」

一方の山本は、内心戸惑いを覚えていた。

「レベルが低すぎて、正直言って『ホントにここに入ってよかったんかな？』という思いはありました」

真朔が驚いた1年生は山本だけではなかった。強豪・三重ゼッツからやってきた辻宏樹もいかにも体に力がありそうな体格で、スイングスピードが速かった。

とはいえ、辻は三重ゼッツではレフトを守り、下位打線のとても主力とは呼べない立場だった。それでも、強豪硬式クラブのレギュラーであり、白山ではずば抜けていた。

もともと、辻は前年夏の甲子園に出場していた津商への進学を希望していた。成績も悪くなかっただけに、大丈夫だろうと楽観視していたが、思わぬ落とし穴があった。

「津商の入試を前後期とも受けたんですけど、ちょうど甲子園に出たこともあって倍率が上がっていて落ちてしまったんです。白山の話は中学3年に上がった頃から聞いてはいましたが、いい噂は聞かないし『卒業後の進路は大丈夫かな』という不安もありました。津商に落ちた時点で白山に行くと決めていて、ちょっと投げやりになっていたところもありましたね」

だが、実際に白山へと来てみると部員は思った以上に多く、レベルもなかなか高い。辻は「3年になる頃にはワンチャンスあるな」と感じていた。

その一方で、先輩の技術や練習ぶりを見て「メッチャヘぼいな」と感じていたのが、ショートとして入部した栗山翔伍《しょうご》だった。

「正直に言って、僕たちのほうが実力はあるなと。これからのことを考えると、可能性を感じました」

栗山は辻と同じ津市立西橋内中の出身だが、辻とはチームメートではなかった。三重ゼッツの体験練習には参加したものの、送迎など親の負担を考えて入団せず、中学校の軟式野球部に入ったのだ。

だが、野球部は栗山にとってまったく歯ごたえがなかった。厳しい練習をイメージしていたのに、部の雰囲気は緩く、自分が上達している実感はまるでなかった。「硬式をやっとったら、もっとうまくなっとったんやろな……」と後悔する中学時代を過ごしていた。

高校入試は辻と同じく津商を志望するも、受験に失敗。だが、私学の強豪・海星には合格していた。本来であれば、そのまま海星に進むはずだった。だが、ここで栗山の内面にひるみが生まれる。

「海星に行くんか……。練習えらい（しんどい）やろな……」

近年は甲子園から遠ざかってはいるものの、海星は春2回、夏11回の甲子園出場を誇る名門である。そんなチームで、中学までたいした実績のない自分がやっていけるのか。急に不安が募ってきた。

そんな後ろ向きな思いを抱えていたところに、仲のいい同級生の辻が白山に進学すると耳にする。栗山は「じゃあ俺も白山に行こう」と軽い気持ちで便乗したのだった。

かといって、栗山が入学早々にアピールができたかといえば、そうではなかった。快足で身体能力の高さは見せたものの、ショートのポジションではポロポロと捕球エラーを繰り返し、打撃でも非力さが目についた。中学まで軟式野球をやっていた栗山にとっては、「硬式になれるまで時間がかかりそうやな……」という予感があった。

入部初日から我が物顔でのびのびとプレーする1年生を見て、東は内心ほくそ笑んでいた。

「これまで硬式クラブから入部する選手がほとんどいないなかで、山本とか辻が入ってきた。辻なんか三重ゼッツの真っ赤なユニホームを着て、『俺はゼッツやで』という顔でやっとった。今までのウチには、こういう自信がなかった。1年生の姿を見て、上級生もそれを感じてくれたんやないかと思うんです」

〝ヤンキー感〟におびえる気分屋

勝ち気な辻や栗山に対して、同じ1年生ながら一歩引いた立場で傍観していたのが、サードの岩田剛知《たけとも》だった。

入学したばかりというのに、高い意識で練習に取り組み、言動も強気な2人を見て、岩田は「ヤンキー感がするな」とおびえていた。通学中の電車内で辻や栗山の姿を見かけても、2人を恐れて別の車両に乗り込むこともあった。

「周りの1年生は見た感じみんな怖いし、どんな人か知らないし……。話しかけられなかったんで、イヤやったですね」

岩田は富山の中学から白山に進んでいる。父が陸上自衛隊に勤めていた関係で6歳から富山に住んでいたのだが、祖母の介護のため母が実家の四日市市へと戻ることになり、岩田も中学卒業と同時に生まれ故郷の三重に戻ってきたのだ。

三重の高校を探すなかで、公立校は菰野、私学は海星を受験する。ところが、岩田は勉強が大の苦手だった。

「小学2年生くらいまではできていたんですけど、そこからついていけなくなったのと、面倒くさくなったのとで……。まあ野球をやっとったらどうにかなるやろうという考えもあって、中学の成績は9教科で『オール2』に『3』が1つか2つくらい。授業中にノートはメッチャとってるんですけど、意味が全然わからないんです。勉強の仕方もわからんし、どうしようという感じでした」

その結果、菰野も海星も不合格。二次募集で入れそうな学校を探して、定員割れの白山へと行き着いた。富山に住んでいたこともあり、監督の東の存在すら知らなかった。

「富山で住んでいた朝日町も何もないところですけど、白山はそれ以上に何もない。メッチャ変なところにあるので、『大丈夫かな？』という不安しかなかったですね」

高校野球に懸ける思いもそれほど強いわけではなかった。サードとして入部したが、山本とともに松阪梅村シニアから入ってきた梶川裕一朗と自分を比べると、明らかに見劣りするように感じられた。

「僕は軟式やったんで、硬式は当たったら痛いし、イヤやったですね。バッティングを楽しみにしていたのに、おもんなかったです。（芯を外すと）手が痛いし、皮はめくれるし、打ってもたいして飛ばへんし……。梶川は硬式やったから、最初から守備がうまくて。『硬式上がりはずるい』と思っていました」

さらに岩田を苦しめたのは、通学時間の長さだった。自宅から自転車で10分かけて近鉄富田駅に着き、近鉄線を乗り継いで榊原温泉口駅で下車。さらにここから白山までアップダウンの激しい8キロ強の山道を約30分かけて自転車で上り下りする。

「家から学校まで2時間くらいかかるし、自転車がメチャクチャえらい（しんどい）んです。もう地獄ですよ。1年生の頃は毎日のように電車で寝過ごしていました。ハッと目が覚めたら窓の外に見たこともない景色があったり、終点で駅員に起こされたり……。名古屋には4回くらい行きましたよ」

白山高生の多くは、最寄りのJR名松線を利用していたが、なかには学校から8キロ強離れた近鉄線の榊原温泉口駅からバスや自転車で通学する生徒もいた。本数が少ない名松線に比べて、近鉄線は本数が多く、利便性が高い。終電も遅いため、遅い時間まで練習したい野球部員は近鉄線を利用していたのだ。

岩田は基本的に近鉄線を利用しつつも、名松線でも通うことはできたため「『今日は面倒くさいから名松線で帰ろ』とか、その日の気分で変えていました」という。

口数の少ない気分屋の岩田は、この時点では目立つ存在ではなかった。

入学2週間で姿を消した問題児

1年生の入学式が行われた翌日、白山は昼から練習試合を組んでいた。先発投手は1年生の山本。山本が3イニングを抑え、その後も2人の1年生投手がつなぎ、最後の1イニングのみ3年生が登板する。フレッシュな戦力にもかかわらず、白山はその試合で勝利を収めてしまう。この結果は東の想像以上だった。

一方、新参者の活躍を面白く思わない上級生がいてもおかしくなさそうなものだが、真朔はどんなに生意気な1年生がいても「怒ったことは全然ない」という。

「1年生には助けられていたので。それに、やめられたら困りますし」

人数不足に泣かされ続けてきた白山の野球部には、いつしか「なんとか後輩に残ってもらおう」という風土が根づいていた。1年生がやめてしまえば、自分たちにとっては死活問題になる。真朔も優しく話しやすい先輩がいたからこそ、厳しい練習にもついてこられたという思いがあった。たとえ上級生であっても、1年生に気持ちよくプレーしてもらうことを考えていた。

順調な船出に見えた新生野球部だったが、入学式から2週間もすると早くも異変が起きた。1年生の伊藤尚《なお》が練習に姿を見せなくなったのだ。

伊藤は硬式クラブの名門・四日市トップエース（四日市ボーイズ）から白山に進んだ選手だった。左投げ左打ちで投手と外野手を兼任し、入学式翌日の練習試合では3番手投手として登板している。身長は170センチを少し超える程度だが体に力があり、東は打者として光るものを感じていた。

伊藤は授業が終わると、誰に何も告げることなく帰ってしまう。ある日の練習開始前、やはり伊藤の姿が見えないことに気づいた東は、伊藤と同じクラスの梶川に「呼びに行ってこい！」と命じた。伊藤は登下校に名松線を使っており、列車が来るまでにわずかながら時間があると知っていたからだ。

すでに練習用ユニホームに着替えていた梶川は、そのままユニホーム姿で家城駅へと走った。電車を待つ伊藤を見つけると「東先生が呼んでるで！」と叫んだ。ところが、伊藤は梶川の呼びかけに応じることなく、そのまま列車に乗り込み帰宅してしまった。

翌日、東は当然のように伊藤を職員室に呼び出し、叱責した。「なんで帰ったんや！」。しかし、伊藤に東の言葉が響いている様子は見えなかった。

コーチの諸木も、伊藤と何度か話をしてみたことがある。

「本当に無気力で、話をしていても、こちらの言葉を聞いていないような感じがありましたね」

周囲の説得を受けて再び練習に戻るものの、そのプレーぶりはどこか覇気が感じられなかった。とくに東が気になったのは、守備中の伊藤の動きだった。

「外野の後ろに抜けた打球を普通の選手ならダッシュで追いかけるじゃないですか。でも、伊藤はちゃんと追わないように見えるんですよ。ずる賢く手を抜くという感じじゃなくて、あからさまに全力を出さない感じ。見ているだけでストレスでしたね」

伊藤の心の闇はどこにあるのか……。東はそんな不安を覚えていた。だが、チームは2016年の夏の大会に向けて仕上げの時期を迎えていた。

10年連続三重大会初戦敗退

今年こそ初勝利を挙げたい……。

東にとっては白山4年目の夏だった。2年前に10名が入部した真朔たちの代も、年を追うごとに部員が減り、6名まで減っていた。1学年下の佐々木の代は5名から3名まで減少。2、3年生9名は全員ベンチ入りし、1年生が11人もベンチ入りした。

エースナンバーは下級生時から登板経験のある3年生の服部がつけたが、実質的なエースは背番号10をつけた1年生の山本だった。1年生は他にも硬式クラブ出身の辻が4番・ライト、梶川は5番・サードのレギュラーをつかみ、軟式野球部出身で小柄ながら野球センスに優れた市川京太郎は1番・レフトで起用された。

入学直後からエラー続きだった栗山は東から「動きはお前が一番ええ」と高評価を受けて背番号5を獲得したものの、練習試合中に左腕を骨折してレギュラーから外れた。入学2週間で退部危機にあった伊藤も実力はあったが、練習に参加していない時期が長く、背番号13の控えに回った。

3年生は2年生からキャプテンを務めた尾上が3番・ショート、技術は高くないものの懸命な取り組みで後輩からの人望も厚かった大村光矢が6番・ファースト、ヤンチャな一面があり背番号は18ながら能力はチーム内でもトップ級だった松永泰誌が9番・センター。真朔は7番・キャッチャーとして最後の夏を迎えていた。そして唯一の2年生レギュラーとして、津シニア出身の佐々木が2番・セカンドに起用された。

初戦の相手は相可《おうか》高校だった。2年生の好投手・滝野萌を擁して、春は県大会ベスト8まで進出するほどの実力のあるチームだった。東は組み合わせの悪さを感じながらも、白山も着実にレベルアップしているだけに戦える自信はあった。

東はこの大事な初戦の先発を1年生の山本に託した。とはいえ、山本にとっては驚きの起用だった。

「3年生は最後やし、3年生が投げると思っていました。まさか先発とは思わなくて、ちょっと慌ててしまいました」

山本は試合中、球審からセットポジションの静止動作をはっきりとるよう注意を受けていたのだが、それが頭からすっぽり抜け落ちていた。無意識のうちにモーションに入ると、球審から「ボーク！」と判定され、ピンチが広がった。

さらに捕手の真朔も冷静さを欠いていた。

「山本はいつもよりコントロールが荒れとるな……。なんとかフォローせんと」

そんな思いが空回りして、本来ならストップできるはずのボールを後ろに逸らしてしまう。記録上は「暴投」だったが、真朔のなかでは「パスボール」だった。それも失点につながるパスボールが2つもあった。

「テンパっていて、山本のボールを止められなくて……。ベンチで落ちこんどったら、1年生がなぐさめてくれたんです」

山本は本来の状態ではなかったとはいえ、春の三重ベスト8を相手に6回まで3失点と粘りの投球を見せた。打線は相可の滝野の前に5回までノーヒットに抑えられたものの、東の目には1年生のプレーぶりに希望が見えていた。

「山本は初めての夏でこれだけのピッチングができれば上出来やし、サードの梶川なんか難しいバウンドでも前に出て『パンパーン!』と捕ってみせる。チビることなく、『オレ、かっこええやろ〜!』という感覚でやっているんですよ。まだ1年生やからバットは振れやんけれど、『こいつらすごいな』と思いながら見ていましたね」

0対3とリードを許した8回裏、東は代打に1年生の伊藤を起用する。退部騒動があったため練習量は少なかったが、実力はやはり高かった。それまでほとんどヒットを打てていなかった滝野から、バットを一閃すると打球は外野フェンスを直撃する三塁打になった。白山はその三塁打を足がかりに1点を返す。だが、最後は力及ばず、1対3でまたも初戦敗退に終わった。

選手は誰も認識していなかったが、これで白山は2007年夏から10年連続で夏の三重大会初戦敗退という不名誉な結果になってしまった。それでも、この夏で引退する真朔には、後輩たちの姿が頼もしく映った。

「僕のミスで負けてしまって申し訳なかったんですけど、山本や伊藤の力もあって最後まで1年生に助けられっぱなしでした。1年生は公式戦でも動じないし、これから強くなるんやろうなと思いました」

試合後、東は引退する3年生たちを心からねぎらった。できれば勝たせてやりたかった。それが本音だった。

「本当に努力したけど、なかなか思うような結果が出せなかった学年でした」

下級生を鍛え上げ、白山を強くすることが彼らの思いに報いること。東は強い決意を胸に刻み込んだ。

20点差でも胸を貸し続ける古豪

東が監督に就任して以降、1年目の夏は5回コールド負け、2年目は7回コールド負け、3年目は9回を戦い、4年目は接戦を戦った。じわり、じわりと前進を続ける白山野球部。

「とりたてて変わった練習はしていない」と東は言うが、あえて特徴を挙げれば「練習試合が多い」ことだろう。東が監督に就任して以降、年間150試合前後の練習試合を組み、チームを強化してきた。

▼白山高校野球部の成績

（公式戦を含む／「年度」とは前年秋の新チーム結成から当年夏の三重大会までを指す）

2013年度　47試合7勝36敗4分（2013年4月以降の成績）

2014年度　124試合45勝73敗5分（伊賀白鳳との連合チームの試合を含む）

2015年度　141試合26勝106敗9分
2016年度　159試合66勝88敗5分

2014年度は45勝を挙げているが、これは伊賀白鳳との連合チームの結果を含むためだ。前述の通り、この連合チームで白山の選手は青木隆真しかレギュラーになれなかった。白山単独チームとしては、45試合10勝34敗1分という悲惨な成績だった。

2015年度は勝率・197という驚異的なペースで負け続けている。2014年11月24日には奈良県の強豪・奈良大付の胸を借り、ダブルヘッダーで1対22、1対26という大惨敗を喫することもあった。東は苦笑を浮かべながら「そら100回も負ければイヤになりますよ」と言って、こう続けた。

「でも、僕は野球がうまくなるのはやっぱり実戦やと思っているんです。強いチームとも練習試合を組むので、選手からすれば『それはムリやろう……』という思いもあったかもしれません。でも、僕も高校時代に当時の松崎監督がPL学園やら平安（現龍谷大平安）やら市立和歌山商業（現市立和歌山）やら、強いチームと練習試合を組んでくれて、それがものすごくうれしかったんです。ちょうど僕と同い年にPLなら福留（孝介）がおったり、年下には平安の川口（知哉）とプロに進む有名な選手がいた。そんな選手と対戦できるうれしさは、今の選手たちも同じやろうと思って、勝手に組んでいましたけどね」

時には練習試合の相手校に東が頭を下げ、使わなくなった練習球を恵んでもらうこともあった。たとえ糸がほつれていても、テープをグルグルに巻けばティーバッティング用のボールとして十分に使えるためだ。

真朔たちが最上級生になった2016年度は、練習試合の負け数が100を切り、勝率は・420まで上がっていた。結果が出るにつれて、東は県内外の強豪校との練習試合を増やしていく。東は自らマイクロバスのハンドルを握り、白山の選手を連れて回った。バスは前監督から40万円で譲り受けたものだが、エアコンは壊れており、シートにもところどころほころびが目立つ。それでも東は「このバスがウチの生命線です」と言う。

とくによく練習試合を組んだのは、校舎が近い松阪商業だった。松阪商は春2回、夏2回の甲子園出場実績があるものの、最後に甲子園に出場したのは1963年春。夏の甲子園に至っては1959年までさかのぼらなければならない。半世紀以上も聖地から遠ざかる古豪だった。

監督の冨山悦敬《よしたか》は60歳を超える、県内最年長監督である。東とは上野時代から付き合いがあり、「東くんの苦労はわかる」と理解を示していた。

「ウチも甲子園に4回行ってる言うても、もう半世紀遠ざかってるから。私が松阪商に赴任したとき（2005年）は、グラウンドは悪いし、選手もやる気がないし……。立て直すのに相当苦労しました。東くんなんて、学校自体が定員割れで廃校寸前やったし、難しい生徒を預かっているでしょう。その苦労はよくわかっているつもりやからね。彼とは『一緒に強いチームを倒そう』と共同でやってきたつもりですよ」

松阪商の主力級と練習試合をすれば、20点差をつけられて負けることもあった。それでも冨山は嫌な顔ひとつせず、白山に胸を貸し続けたのだった。

冨山はかつて、東のことを「（松阪商監督の）後釜はこいつや！」とまで考え、高く評価していたという。タイミングが合わずに実現しなかったが、冨山は定年後も再任用を受け、松阪商の監督に留まり続けている。

白山の野球部部長・川本は名張西（現名張青峰）在任時に冨山が監督を務める野球部の副部長を務めた経験がある。

「冨山先生には本当にお世話になりました。東先生も明るいですけど、冨山先生も明るさと勢いがすごいんですよ」

冨山が60歳を過ぎても高校野球の指導者を続ける理由は、まだ見ぬ甲子園という聖地への思いが捨てきれないからでもある。そんな情熱的な指導者が率いる松阪商との練習試合は、白山にとって強豪の強さを肌で感じる貴重な機会になった。

甲子園帰りの名将の一言

2016年夏の三重大会が終わり、本来であれば悔しさと手応えが同居した形で新チームが始動するはずだった夏の日。白山にある事件が起きた。伊藤がまたもや練習に顔を出さなかったのだ。

それは引退した真朔ら3年生も危惧していたことだった。

「伊藤は入学した頃は1年生とはあまり話をしないで、僕らと会話することが多くて仲がよかったんです。3年生が引退するときに、伊藤が『3年生がおらんならやめようかな』と言っていたことがちょっと気になっていて……」

東にとっては寝耳に水の出来事だった。

「夏の大会で代打とはいえ試合に出て、フェンス直撃のスリーベースも打って、その映像がテレビにも流れて……。普通に考えれば、意気に感じて『ますます頑張ろう！』となりそうなものじゃないですか。それなのに伊藤は練習に来なくて……。僕にはまったく理解できませんでしたね」

東やチームメートの説得もあり、なんとか退部は踏みとどまらせたものの、東は伊藤が何を考えているのかつかみかねていた。その後も伊藤はことあるごとに「野球部をやめる」と口にしては、チームをうろたえさせるのだった。

新チームの主将には1年時からレギュラーを張っていた佐々木が就いた。佐々木は不動のレギュラーだったものの、2年生は3人だけ。必然的にチームの中心は1年生になっていった。

7月23日から組んだ練習試合は幸先よく3連勝スタート。その後も黒星を挟みながら4連勝、6連勝と白星が増えていった。8月10日には盟友・野洲にも4対2で勝利。秋の中勢地区予選に向けて、チームは着実に力をつけていった。

そして秋の中勢地区予選では2敗を喫して三次予選に回ったものの、津東に10対1、高田に3対1と連勝して、滑り込みで県大会への出場を決めた。白山が最後に秋の県大会に進んだのは、30年以上も前のことだった。

東としては県大会に出場できただけでも満足感があったが、快進撃はこれで終わらなかった。9月17日に行われた県大会の1回戦で、中勢地区予選では敗れていた久居に10対3と快勝してしまったのだ。母校への勝利に東は驚きを隠せなかった。

「9月まで野球ができることだけでも満足やったのに、まさか勝てるとは思っていませんでした。久居には長身で140キロ近い速球を投げるピッチャーがいたんですけど、ウチは初回から打線が爆発して。勝てて単純にうれしかったですね」

これで県ベスト16進出。だが、続く相手は2016年の甲子園に春夏連続出場していたいなべ総合学園である。中心投手の渡辺啓五は最速140キロ台中盤の快速球を武器にし、プロスカウトも注目するような逸材右腕。さらに左腕の赤木聡介も総合力が高く、元プロ野球選手を父に持つサラブレッドだ。2人ともすでに甲子園マウンドを経験しており、白山の選手とは踏んできた場数が違った。

そしてチームを率いるのは、四日市工業で一時代を築いた名将・尾崎英也である。尾崎は白山の戦力を見て、「1年生ばかりやし、ラクに勝てるやろう」と見ていた。

いなべ総合学園が圧倒的優勢と見られた9月19日の2回戦。だが、意外にも大差がつくことはなかった。白山先発の山本が粘りの投球を見せ、いなべ総合学園に大量得点を許さなかったのだ。尾崎は「思ったよりも白山のピッチャーがよくて、スライダーがなかなか打てなくて苦労するなと思った」という。

とはいえ、いなべ総合学園の先発・渡辺を打ち崩すのは至難の業だった。1年秋からショートのレギュラーになっていた栗山は、生まれて初めて見るスピード感に「こんなの誰か打てんのか？」と面食らっていた。

「これだけの本格派と初めて対戦したので、上のレベルのチームにはこんなピッチャーがいるんやなと驚きました。打席に入ってみてさらに速く感じて、他のピッチャーと一緒のタイミングでは対応できやんと思っていたら、スライダーもキレッキレでしたね」

ただし、彼らが感じていたのは、兜を脱ぐような絶望感ではなかった。栗山はむしろ楽しんでいた」という。

「『無理や』じゃなくて、『すげぇ～！』と楽しんでいたような気がします。こんなピッチャーと対戦できることなんて、そうできる体験じゃないので」

向かっていく気構えが功を奏したのか、白山はいなべ総合学園を相手に食らいついた。気がつけばコールドは回避し、9イニングを戦って1対6というスコアだった。

試合後、伊勢市倉田山公園野球場のベンチを引き上げて駐車場へと向かう白山ナインに向かって、いなべ総合学園の尾崎が声をかけた。

「キミたち、ええチームやな。これからきっと強くなるよ！」

新チームから捕手にコンバートされていた辻は、この尾崎からかけられた言葉が大きな自信になったという。

「甲子園に出るようなチームと戦ってコールドで負けるかなと思っていたら、9回まで試合ができて、尾崎さんには言葉をかけてもらえて。自分にとって自信になりましたし、それから意識が変わりました」

秋の三重ベスト16。甲子園へはまだ遠い道のりながら、白山は確実に前進している。東はようやくそのことを実感していた。

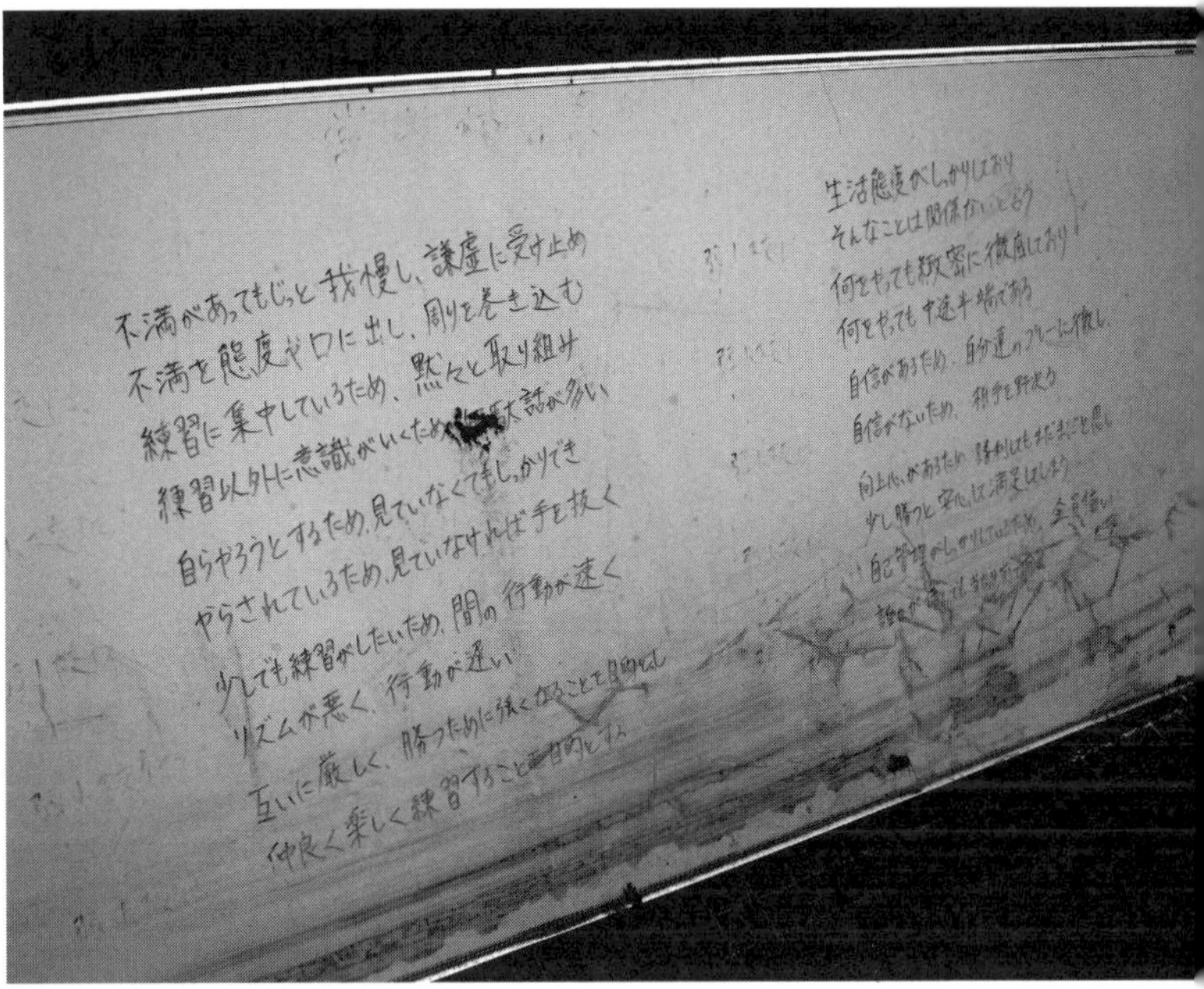

第4章 真面目軍団と問題児軍団

近鉄組vs名松組の対立

2016年春から、白山には大学を卒業したばかりの22歳の若い指導者が加わっていた。それは東の上野時代の教え子である片岡翔である。高校時代は2年時までは投手、以降は主に一塁手として活躍していた。

中学時代は「名張のジャイアン」の異名をとり、意気揚々と上野に入学した片岡は「高校デビュー」をもくろんでいた。眉毛を極限まで細く刈り整え、教師に咎められれば「生まれつきです」という言い訳で乗り切ろう。そう心に決めていたのだ。だが、淡い計画はあえなく失敗に終わった。

「東先生が自分の目の前まで顔を近づけて『お前、(眉毛を) 伸ばさんと試合に出さへんからな』と凄んできて、『すみません!』とすぐに謝りましたよ」

そんなヤンチャ気質のある片岡は年齢の近い選手たちから「絡みやすい」と親しまれ、主に投手陣をコーチするようになった。赴任してすぐ、片岡は東の指導スタイルの変化を感じたという。

「久しぶりに東先生の指導を見て、静かになったというか、『あんま厳しく言わんようになったな』と思いました。白山には眉毛をいじっているヤツもたくさんいますし、上野で禁止されていた甘いお菓子や炭酸飲料も規制していないし。ただ、上野とは生徒の毛色がまったく違います。東先生も『そこまで縛りたくない』と言っていましたね」

選手たちと接するなかで、片岡は白山野球部のさまざまな個性や人間模様が見えてきたという。そこで、指導者としてポイントとなる一派を見つけた。

『花より男子』(神尾葉子原作のテレビドラマ化もされた人気少女漫画)に『F4』って出てくるやないですか。金持ちイケメン4人組の。白山では『M4』と呼ばれる4人組がおるんですよ」

「M4」のメンバーは伊藤尚、市川京太郎、堀涼、梶川裕一朗の4人。「M」とは、「問題児」の頭文字である。

退部騒動を繰り返す伊藤に加え、伊藤と仲がよく、いつもつるんでいる市川、堀、梶川の4人は何をするにも目立っていた。

チームメートの栗山は、M4をあからさまに警戒していた。

「こいつら大丈夫か? ホントにヤバイなと思っていました。野球にやる気がないというよりは、私生活や学校生活が問題児で……。一応、注意はしてましたけど、一緒におると問題に巻き込まれそうやと思っていました」

M4は重大な罪を犯すような行為こそなかったものの、学校内外でトラブルメーカーになっていた。遅刻、サボリ、その他もろもろ。野球部内では気分屋で自分たちのやりたいことしかやろうとしないM4と、高い意識を持って練習に取り組む辻、栗山らとの温度差は顕著だった。市川は言う。

「僕ら4人は問題児扱いされてましたけど、実際に気分が乗らないと手を抜いてたので……。(辻)宏樹や栗山からは嫌われていたんじゃないかな」

市川は松阪市立鎌田中の出身。身長165センチ、体重58キロと小柄な体型に、色白な肌。どこか阪神タイガースで活躍中の糸原健斗を思わせる顔立ちをしている。

市川の第一志望校は母・真澄の母校でもある松阪商だったが、入試は前後期とも不合格。「鳶《とび》でもせなアカンのかな」と思っていたところへ、両親から「二次募集はどうする?」と聞かれ、高校入試に二次募集というシステムがあることを初めて知ったという。そこで「白山は設備がいいって聞いたことがあるし、ここでええか」と軽い気持ちで白山に入学してきたのだった。

市川は白山に入学してから、東が中学を通して白山に誘ってくれていたことを知った。話が伝わっていなかったことに市川自身は「言ってくれないんですよ」と不満げだが、それもそのはずだった。市川の内申書の申し送り事項には「自分の嫌いな練習をやると家に帰ってしまう」と書かれていた。教員との信頼関係ができていなかったのだ。

市川も自分の取り組みに問題があったことは素直に認めている。

「中学の野球部は弱くて人もいないし、自由気ままに遊んどった感じですね。練習は結構サボってたし、冬練をしたくなくて『休みます』と言って帰ったり。何も言わずに帰った日もあったな。冬に走るのは今でも大嫌いですから」

勝手気ままに映る市川の言動だが、その裏には市川なりの言い分もあった。市川は腰椎分離症を患ったこともあり、冬場の走り込みによって腰へのダメージを受けやすかったのだ。

「走ると腰にくるんで、よけいえらい（しんどい）んですよ」

そうした事情を汲んでもらえずに「サボっている」とみなされることに、市川はよけいに心を閉ざしていった。ただ、白山に入ると少し様子が変わった。

「東先生は腰のことを知ってくれていたので、『やれることをやったらいいよ』と言ってくれたんです」

市川は入学当初から攻守に抜群の野球センスを発揮し、1年夏からレギュラーを獲得する。たとえ練習で手を抜いても「試合になれば、頑張っているヤツより俺のほうが打つし」という思いもあった。

そうして練習に真剣に取り組まない市川や伊藤を見て、辻は「もったいない」と感じていた。

「2人ともやるときは真面目にやるんですけど、能力は高いんだからいつも真面目に練習したら、もっとすごい選手になれるのに……と思っていましたね」

1年時から行動力でリーダーシップを発揮していた辻だが、チームメートに苦言を呈するタイプではなかった。「人に強くものを言えない」という辻に代わって、言いたいことをはっきり言うのはのちに副主将を務める栗山だった。

「言っても変わらんやろなと思うことは言いませんでしたけど、これは言わなアカンということは言うようにしていました。でも1年の頃は、全然言うことを聞いてくれませんでしたけどね」

チームは徐々に辻、栗山を中心とする意識が高いメンバーと、M4を中心とする問題児メンバーに二分されていった。それぞれの派閥には大きな特徴があった。市川は辻、栗山らのグループをひとくくりにして、こんな悪態をついた。

「近鉄のヤツら、真面目ぶりやがって、うっとうしいなと思ってました」

辻や栗山らは近鉄線を利用して通学し、M4は名松線を使っていたのだ。学校から榊原温泉口駅まで往復1時間のロードサイクルに加えて、終電時刻に左右されず遅くまで練習ができる近鉄組に対して、名松組は松阪方面の終電が19時45分と決まっており早く帰宅することになる。

名松組が練習熱心な近鉄組を疎《うと》み、近鉄組は早々に帰宅する名松組に不満を抱く。白山野球部はそんな雰囲気のなか、2016年の冬を越していった。

監督の東は時にカミナリを落としつつ、適度に目こぼしをしながら練習を見守っていた。

「みんな同じようには見ていないですよ。たとえば10本ダッシュをするとしても、辻や栗山は何も言われんでも8本は真面目にやる。市川なら4本くらいで、伊藤は2本くらいかな。もし伊藤が1本しか真面目に走ってなかったら『お前、ええ加減にしとけよ』と怒ります。市川も伊藤もしんどいことは嫌いやけど、野球は好きやから一応、続いていると思うんです。とくに伊藤は学校生活で怒ることのほうが多かったんで、グラウンドに来て楽しそうに野球をやっているならええわ、という感じでしたね」

初戦10連敗がストップした日

2017年の春、白山は前年秋の健闘がフロックでないことを見せつけた。

中勢地区予選で津西、久居と難敵を破り、津商との第1代表決定戦には敗れたものの早々に県大会進出を決める。さらに県大会では1回戦で稲生《いのう》との両チーム合わせて33安打という乱打戦を12対11で制して、秋に続いて県ベスト16にコマを進めた。2回戦では近大高専に3対10の7回コールド負けに終わったが、結果的に近大高専は同大会の優勝チーム。白山が強くなりつつある――。三重県内にそんな印象を植えつけるには十分な結果だった。

4月には新入部員が入部してきたが、やはり20名近い大人数。そのなかには三重ゼッツで辻の後輩だったパルマ・ハーヴィーの姿もあった。パルマは小学4年時にフィリピンから日本へと移住した、フィリピン国籍の外野手だ。辻が津商の受験に失敗して白山の門を叩いたのに対して、パルマは第一志望で白山に進んでいた。

「東先生という熱心な先生がいると聞いていましたし、広いグラウンドでのびのびと練習できる環境がよくて、ここでやりたいと思いました」

さらに愛知木曽川リトルシニアから、強打者の河村岳留《たける》が入学する。愛知木曽川シニアと白山の縁をつないだのは津シニアの道原だった。河村には静岡の強豪からも声がかかっていたが、東の人柄にひかれて白山行きを決めたのだった。河村は松阪市にある私営の学生寮に入り、そこから白山に通うことになった。

「自分の実家の一宮も田舎ですけど、白山ほどではないので驚きました。中学のチームメートからは『白山ってどこや？』とちょっとバカにされていましたけど、ここで力をつけたいと思って選びました」

そして地元・津市立白山中の田中翔稀《しょうき》・橋本魁蛇《かいじゃ》のバッテリーも白山に入学。地元であれほど忌み嫌われていた白山への見方も変わろうとしていた。

あとは夏の三重大会で結果を残すのみだった。

夏のベンチ入りメンバーは、３年生は主将の佐々木が背番号３、大谷龍人《りゅうと》が背番号９をつけた以外は、レギュラー番号をすべて２年生がつけた。入学直後からエース格になった山本が１、捕手にコンバートされた辻は２、１年時は故障でスタメンを外れた栗山は６。他にもＭ４の伊藤が７、市川が８、梶川が４。さらに入学当初こそ目立たなかったものの、強肩と小技のうまさを生かして岩田が背番号５を獲得した。ただし、梶川が夏の大会１週間前に右足足首を骨折したため、セカンドには佐々木が入り、ファーストには１年生の河村が入ることになった。

選手たちは白山が２００７年から10年連続で夏の三重大会初戦敗退に終わっていることを知らな

かったが、東は認識していた。

「平成に入ってからの白山の記録を調べたことがあるんですよ。ポツ、ポツとは勝ってるんですけど、その対戦相手を見ると人数が足りないような学校ばかり。しっかり勝ったとは言えない結果でした。この負の歴史を変えたろう。この夏に絶対に連敗記録を止めようと意気込んでいました」

7月15日、ダイムスタジアム伊勢で行われた初戦の相手は四日市西だった。1番・ショートで出場した栗山は、チーム全体にまとわりつく異様な硬さを感じていた。

「負けたら3年生の夏を終わらせてしまう。上級生が3人しかいなくて自分たち主体のチームだったので、その責任感を感じて最初は緊張していました」

そんな栗山のエラーもあり、1回裏にいきなり3点を奪われてしまう。ベンチで見守った東は、「やっぱり勝てやんのか！」と暗澹たる思いに沈んでいた。

だが、一方で栗山は意外なことを感じていた。

「1打席立って、1イニング守って、だいぶほぐれてきました。これでいつも通りにプレーができるなと」

相手投手陣が10四死球と制球を乱したこともあり、白山はチャンスをつかんだ。3回表には栗山が右中間を破るタイムリー三塁打を放って2点を返し、6回までに4対4と同点に追いつく。さらに8回表には1死二、三塁から、栗山が今度は高めのストレートを強く引っ張り、三塁線を抜く勝ち越し2点タイムリーを放った。

栗山はこの日、4打数3安打4打点という大暴れだった。エラーも多いが、攻撃力はピカイチ。一冬を越えてめきめきと力強さを増し、チームの大黒柱に育ちつつあった栗山は、自分のミスもポジティブにとらえていた。

「大量にエラーしましたけど、打って取り返してプラスマイナスゼロ……みたいな。それも自分らしいと思っていました」

エースの山本は初回に3点を失ったものの、「ある程度は低めに集めて抑えられた」と粘りの投球を見せて四日市西に決定打を許さなかった。

9回裏、2死。最後の打者が打ち上げたフライをライトの大谷が定位置で抑え、白山にとって11年ぶりとなる夏の三重大会白星が灯った。

三重大会は試合後、勝利チームの選手がホームベース付近に並んで校歌を斉唱する。一塁側の白山応援スタンドでは感涙にむせぶ関係者もいた。そのシーンを目の当たりにして、辻は自分たちが手にした勝利の重さを実感した。

「春、秋の大会と違って応援もありますし、勝つ喜びはまた違いましたね。スタンドで泣いている人もいて、『それだけ白山が勝てていなかったんだな』と思いました。夏に勝つって、こういうことだったんやと初めて知りました」

校歌を歌う栗山は、白山が何年間勝てていなかったは知らなかったが、胸に迫るものがあったという。

「みんな白山の歴史には興味ないんですけど、勝って校歌を歌うのは初めてやったので、そこで実感が湧いてきましたね」

試合後、東は地元テレビ局からのインタビュー取材を受け、こう語っている。

「白山高校でもやればできるんだぞ……ということを子どもたちが証明してくれました。これに満足せずに次も頑張りたいと思います！」

「菰野」を作り上げた男

重い扉をこじ開けた白山は、続く2回戦ではのびのびと本領を発揮した。対戦校の神戸に15安打を浴びせ、7回までに8得点。8対0でコールド勝ちを収めた。白山の夏の三重大会での完封勝利は14年ぶり。そして夏のベスト16進出は、実に34年ぶりのことだった。

3回戦の対戦相手は強豪・菰野だった。菰野はベテランの名物監督・戸田直光が率いて、春1回、夏2回の甲子園出場実績がある優勝候補だ。毎年最速140キロ台の速球派投手を輩出するなど投手育成に定評があるのだが、この夏の投手陣は公立校としては「異常」と言えるほどの粒ぞろいだった。

3年生エース左腕の村上健真は、制球力を武器にするタイプながら最速138キロを計測する。さらに本格派右腕としてプロスカウトも注目する岡林飛翔《つばさ》は、前年秋に最速151キロをマークしていた。2年生右腕の田中法彦《のりひこ》、河内頼、さらに1年生で岡林の弟である岡林勇希まで最速140キロを超えるという、超豪華な投手陣。

1回戦の英心戦では5投手が1イニングずつ登板し、全投手が3奪三振。つまり合計15三振を奪って無安打リレーを完成させ、29対0で圧勝している。

だが、戸田は投手陣についてこともなげにこう言ってのけるのだった。

「ここ4～5年はずっと、140キロを超えるピッチャーが複数いますよ」

今でこそ毎年優勝候補に挙がるだけのチームになった菰野だが、ここに至るまでには白山に負けず劣らずの逆境を指揮官の戸田が切り拓いてきた歴史がある。

三重県の教員採用試験に合格した戸田が菰野に赴任したのは、1987年4月のことだ。グラウンドは草だらけ、センターの定位置には陸上部の砂場があり、フェアグラウンド内にもかかわらず側溝があって、ボールが飛び込むと水浸しになった。そして何より、当時の菰野は地元で「悪い学校」の代名詞のような高校だった。

戸田は「白山よりひどかったと思いますよ」と笑って振り返る。

「菰野に来て1年目は部員が10人いたんやけど、1年生はひとりもおらんかった。2年目には1年生が12～13人入ったんやけど、全員やめよった。3年目の春までは部員ゼロですよ」

部員ゼロの時代を経験しながらも、戸田は懸命に野球部を強くしようと走り回った。周囲から白眼視されることは、もはや日常だった。

「地元の人からは『アホな先生が来たな』と鼻で笑われていましたよ。ずっと弱かったのに、『俺が甲子園に連れていくんだ！』なんて言ってね」

苦労に苦労を重ねて、環境を徐々に整え、監督就任19年目にして初めて菰野を甲子園へと導いた。地元の中学生から敬遠されるため、公立校ながら県外の選手を勧誘し、自宅に住まわせたこともあった。

気がつけばヤンキー校のそしりを受け、廃校の恐れもあった学校はいつしか落ち着き、「菰野」の名前は野球の強豪校として全国に知られるようになった。グラウンドは改修され、水はけは抜群。左中間後方のスコアボードには、保護者が90万円以上の私財を投げ打って寄贈してくれたスピードガンの表示ボードまである。

戸田は学校の功労者として、そのときそのときの校長のはからいもあり、初任校ながら30年以上も菰野に留まり続けている。

そんな戸田にとって、東は大阪体育大の後輩だった。

「東くんが大学を卒業して、母校の久居で講師をしとったくらいからの仲で、上野時代もしょっちゅう菰野で練習試合をしていましたよ。『強いチームを作りたい、なんとかしていいチームを作ろう』という強い気持ちが伝わってきた後輩ですね」

進学校の上野で実績を残した東に対して、戸田は「自分が菰野の監督を退いたら後任に頼みたい」と思うほど高く買っていた。だが、それと同時に「菰野ではやらんだろう」とも見ていた。東はきっと自分を倒したいという気概でやっているはず。直接言葉は交わさずとも、東の負けず嫌いな性格から察知していた。

白山とは練習試合を組むこともあったが、主力のAチームが相手をしたことはなかった。「『まずBチームに勝ったら、Aチームとしたるわ』と言っとったんです」と戸田は意地悪そうな表情で笑う。それは戸田なりのエールであり、愛情表現だった。

「白山なんて、また大変なところに行ったな……と。あれだけの田舎で、選手も集まらん。まるで30年以上前の僕みたいやと思っとったんです」

3回戦で白山と対戦することが決まったとき、戸田は「そんなに簡単に負けるチームではなくなっていた」と警戒しつつも、自分のチームに対しても「甲子園に行くレベルに達している」という自信を抱いていた。

菰野への挑戦・第1ラウンド

菰野の先発投手は岡林兄・飛翔だった。同年秋のドラフト会議では広島から育成ドラフト1位で指名される好素材ではあるが、夏の背番号は7だった。潜在能力こそ高いものの、一発勝負のトーナメントで勝てる投手かというと心もとない。戸田は、勝負を分ける厳しい場面で岡林飛を頼ることはできないと見ていた。

一方で、プロ志望の岡林飛の進路を考えると、どこかでスカウトに長いイニングでの登板を見てもらう必要性も感じていた。どこで投げさせるべきか……。トーナメント表を見て、戸田が下した決断は「白山戦しかない」ということだった。

「ここなら点を取られることはないやろう」

そうにらんでの先発起用になった。

ところが、白山打線は立ち上がりから岡林飛に襲いかかる。得点こそ奪えないものの、安打を重ねていた。

この日も4番・捕手に座った辻にとって、岡林飛は中学時代に所属した三重ゼッツの先輩でもあった。「ブルペンで1回ボールを受けたことがあるんですけど、メッチャ球が速くて怖かった」という辻だが、不思議と岡林飛との相性はよかった。

「自分でもなんでかよくわからないんですけど、ボールがよく見えるんですよ」

一方、白山先発の山本も立ち上がりから菰野打線を封じて、3回を終えた時点で0対0。白山が予想以上の健闘を見せていた。

すると4回表に意外なシーンが待っていた。白山は1死一塁から、7番の伊藤がインコース低めのストレートを芯でとらえる。ライナー性の打球は後退したライトの差し出したグラブを越えていった。一塁走者の佐々木が生還して、白山が先制してしまったのだ。伊藤のはかり知れない打力がいい方向に出た瞬間だった。

だが、菰野に焦りはなかった。直後の4回裏に岡林飛がインコースの難しいボールを引っ張り、逆風をものともしない逆転2ラン本塁打を放つ。その後、攻撃は着々と加点し、投げては5回途中から岡林勇、村上と継投して白山打線を抑えていった。

それでも最終スコアは3対6。東は力の差を認めざるを得なかったが、同時に「もっとやられると思っていたので、意外と抑えられるんやな」と感じていた。

打線も菰野の投手陣から10安打を浴びせており、選手も手応えを覚えていた。栗山は言う。

「打てるかどうかの試合で打ち負けたと思っています。攻撃に関してはそこまで差を感じなかったので、注意すべきバッターを抑えれば打ち勝てると思いました」

試合後、東は選手たちに「上を目指すなら、こういうチームを倒していかないといかんで」と伝えた。そしてこの一戦が、これから続く「打倒・菰野」という挑戦へのスタートになったのだ。

強打者の心の闇

佐々木たち3年生3名が引退し、新チームの主将には辻が就いた。入学直後から経験を積んできた、白山野球部史上に残る期待の世代。とりわけリーダーシップのある辻以外に、主将は考えられなかった。部長の川本は、辻をこう評する。

「部員みんなのお父さんのような存在ですね。バラエティーに富んだメンバーに我慢強く接しながら、東先生からの厳しい言葉も受け止める。辻がいなかったら白山野球部はない。そう言ってもいいくらい、大きな存在ですね」

そんな新主将を据えた早々にトラブルはやってきた。火種はまたもや伊藤だった。

「野球部やめるわ」

入学直後から4~5回にわたって繰り返された伊藤の退部騒動だが、今回ばかりは本気のようだった。伊藤は固い決意を口にし、練習に顔を出さなくなった。そして学校をやめることを視野に入れ、仕事を探し始めた。

東には、まったく理解ができなかった。

「1年前もそうでしたけど、夏の大会で結果を残したのに……。しかも岡林から完璧なタイムリーを打ったヤツがですよ？　考えられへんと思いましたよ」

伊藤尚は小学3年生で野球を始めた。祖父や親類が野球をやっており、「野球は楽しいもの」と何の疑いもなく少年野球をプレーしていた。

中学では四日市トップエースに入団する。谷口雄也（日本ハム）、東克樹、伊藤裕季也（ともにDeNA）らプロ野球選手を何人も輩出している名門硬式クラブだった。当然、周囲のレベルは高かったが、伊藤には自信があった。ピッチングもバッティングも、誰にも負けない自信があった。

伊藤と同学年で四日市トップエースの主将を務めていた後藤晃成《こうせい》は、当時の伊藤をこのように語る。

「控え目な性格でしたけど、練習態度はしっかりしていて、『やるときはやる』という印象がありました。キャプテンとして手を焼いたことなんてないですし、みんなと同じように高い意識を持ってやっていたと思います。チームにもうまく馴染んで、周りと一緒に溶け込んでいました」

この伊藤評を白山の指導者や選手が耳にすれば、跳びあがるほど驚くに違いない。だが、そんな野球少年に徐々に暗い影が差していく。

伊藤が中学の最上級生になると、当初は試合に出ていたものの、徐々に出場機会が与えられなくなっていった。その原因は野球よりも、中学での素行にあった。学校の成績の悪さや、授業にまともに出ていなかった伊藤の悪評がクラブチームに回ってきた。学校生活を指導者から問題視され、ペナルティーとして起用されなくなったのだ。

今どき、いくら野球がうまくても中学の成績が極めてひどければ受け入れてくれる高校など限られてくる。ましてや伊藤は愛知の名門・愛工大名電に進学したいという希望を持っていたのだ。中学野球の指導者からすれば、伊藤のことを思っての措置だったに違いない。だが、伊藤は自分の素行がそこまでひどいとは自覚しておらず、また「野球と勉強は関係がないじゃないか」という不満もあった。

成績が悪く、授業を頻繁にサボることは事実だった。伊藤自身もそのことを反省し、真面目に取り組もうと考えたこともある。

「中学1年の頃に授業に出ていなくて、『このままじゃ行ける高校がなくなる』と言われて、2年からちゃんと出るようにしたんです」

再起を期して教室に入った伊藤だったが、待ち受けていたのはいかに自分が歓迎されていないかが伝わってくる教室の陰鬱な雰囲気だった。

自分だけ授業中にプリントが配られない。課題の提出物を受け取ってもらえない。学校側としても、「突然やる気を出しても遅い」と厳しく接したのかもしれないし、伊藤の根気が足りなかったという見方もできるだろう。だが、結果的に伊藤はここで「教師に期待することは何もない」と心を閉ざし、その扉を開けることはなかった。

伊藤にとって唯一の希望は学校から離れ、クラブチームでの野球だけだった。憧れの愛工大名電へ行き、甲子園で活躍する。だが、そんな夢すらも大嫌いな中学校の評判が原因で奪われつつある。自分がまいた種だけに、「ちゃんとやっておけばよかった」という後悔はある。それでも、あの大人たちに取り入るようなことは死んでも嫌だ……。そんな堂々巡りの間に、伊藤の中学野球は不本意のまま終わった。

案の定、進路が決まるまでには時間がかかった。控え選手クラスでは年間16名しか枠がない愛工大名電への進学は不可能だった。そこで静岡の強豪・常葉学園菊川（現常葉大菊川）へと志望校をシフトするが、中学の成績表を見た学校関係者は「なんやこれ！」と驚いた。ほとんど「1」が並び、「3」はひとつもない。スポーツマンだというのに、授業中に別のことをして遊んでいたため、体育の成績すら悪かった。

常葉学園菊川の受験を断念し、つてをたどって福岡の折尾愛真《おりおあいしん》に行き着いた。伊藤は存在すら知らない学校だったが、練習に参加した上で進学の内諾を得た。あとは「よっぽど低い点を取らなければ入れるよ」と言われて受けた入試を受けるだけだったが、伊藤は「メッチャ低い点を取ってしまって……」あえなく不合格に終わった。

いよいよ行くあてがなくなった伊藤は、母の知り合いづてに「白山」という学校があることを教えられる。学校名すら知らなかった伊藤は、インターネットで調べてみた。

「メチャクチャ素行が悪いと書いてあって、『ヤバイな……』と思いました。野球部もメッチャ弱いし」

母に連れられて白山のグラウンドへと行ってみた。グラウンドは広く、野球部の練習は意外にも活気があった。監督の東とも話をして、「結構いいな」という思いが芽生えてきた。伊藤は白山の入試を受け、入学することを決めた。

「優しい問題児」の説得

だが、4月の入学時期になると、伊藤の野球への情熱はすでに薄れていた。

「入学して、練習して、周りを見ていても何とも思わないんです。もう今さら甲子園なんて無理や……と思うと、どんどん気持ちが落ちていきました」

学校もつまらなかった。クラスの人間と気が合わないように思えて、かかわりを避けた。人見知りな性格も手伝い、伊藤はますます孤立していった。入学して2週間もすると、自分が何のために高校に通っているのか目的を見出せなくなっていた。

練習をサボり、梶川がユニホーム姿で家城駅まで呼びに来てくれても、平気で名松線の車両に乗り込んだ。翌日、東に怒られても伊藤の胸には何も響かなかった。

「東先生に怒られている間も『なんか面倒くさいな……』と、だんだん腹が立ってきて、それでよけいにやめたくなって、練習に行かなくなったところもあります」

野球部の練習をサボっては、中学時代の友人と遊び回った。自分の部屋で話し込んだり、カラオケボックスへ行ったり。友人と遊ぶことがもっとも楽しく感じられた。

東やチームメートの説得を受けて野球部に戻りはするものの、かつてのような情熱を燃やすことはできなかった。1年夏の代打で放ったスリーベースも「なんとなく打った」と感慨は湧いてこなかった。

それでも、野球部に戻った伊藤にとって唯一の救いだったのは、気の置けない友人ができたことだった。とくに市川、堀、梶川の3人とは下校方向が同じで、毎日のように遊んだ。いつしか問題児4人組は「M4」と呼ばれるようになっていた。

だが、2年の夏が終わった時点で伊藤は「友達から土木関係の仕事がないか聞いていました」と、いよいよ本気で野球をやめようと考えていた。もう厳しい練習などせず、つまらない学校に通うことなく、自分で稼いで自分の金で遊びたい。そんな思いが抑えきれなくなっていた。

チームメートはこぞって伊藤を止めに入った。だが、今度ばかりは本気で野球部を、そして高校をやめるつもりだった。

とくに伊藤の説得にあたったのは、親友の市川と堀だった。市川は言う。

「尚は〝輩《やから》〟みたいな顔をしているんですけど、見かけによらず優しいんですよ。仲よくないヤツなら『やめる』と言っても止めもしないけど、尚は別です。野球だって打つし、肩もいいし、あいつがおらなアカンやろ！　と思っていました。堀とも『1年から頑張ってきたんやし、最後まで頑張ろう』と説得していました」

そして堀もまた、伊藤のことを心から心配していた。

堀は津市立久居西中から白山に進み、投手としてプレーしていた。野球を本格的に始めたのは中学からだが、身体能力が高く、肩の強さを東に見込まれて白山に入学している。176センチという白山では長身の部類に入る上背から、最速136キロの快速球を投げ込むなど、素材のよさは東も認めていた。

だが、本人が「メッチャ気分屋なんで」と自覚する通り、好不調の波の激しさが仇となり、大事な場面で起用されることはなかった。気分が乗っているときは手がつけられない投球をするが、気分が乗らないと「オフってる」と本人が言うように、あからさまにマウンドでふてくされることがあった。

「東先生からは『ムラがなかったらええ選手やのに……』と何回も言われて、自分でもわかってるんですけど、どうしてもそうなってしまうんです」

そんな堀にとって、伊藤はどこか自分と通じ合うものを感じていた。

「尚とは1年のときからメッチャ仲がよくて、気が合うんです。最初は怖いヤツなんかなと感じていたんですけど、しゃべってみたらホンマにええヤツで。だいたい尚と京太郎と一緒に遊んでいましたしね。尚は見た目で誤解をされるんですけど、人とは違う優しさを持っとるんです。じっくり絡んでみないと、よさがわからんと思います。あいつのよさがわかるには時間がかかるんです」

そんな伊藤がチームを去ろうとしていることは、チームとしてのダメージ以上に自分自身のこれからの学校生活を考えると耐えられなかった。

「高校野球は3年間しかないし、俺もお前とやりたいわ。野球やめたら、学校もやめるやろうし……。お前と一緒に学校行きたいわ。戻ってこいよ！」

堀の必死の説得に、伊藤の心は揺れた。

「堀はメッチャ友達思いで優しいし、京太郎なんかたぶん白山で一番優しいヤツですよ。そんな一番仲のいい友達に戻ってこいと言ってもらえて、ここまで人から求められているんやって気づいて……」

お互いを「優しい」と評し合う問題児たち。そんな優しさが届いたのか、伊藤の思いは野球部復帰へと急速に傾いていく。そんなある日、伊藤は東から「話をしよう」と呼び出される。

東は伊藤に真正面から向き合い、伊藤も東の言葉を真っ向から受け止めた。

「ここで野球部をやめて、学校をやめても、仕事するのはもっと大変やで。あとは仕事だけの人生になって、それでええんか？　野球をやっていれば、まだ別の道もできていくんやで」

東の話を聞きながら、伊藤は中学時代までの自分を思い出していた。ここまで自分に対して匙を投げることなく、何度もぶつかってくれた教師がいただろうか。もし、ここでこの人から逃げたら、自分のこれからの人生はどんなものになるのだろうか。

「最初は『なんで止めんのやろ？』と思ってたんです。うっとうしいなと思うこともたくさんありました。東先生が亀山の家まで迎えに来てくれたこともあったり……。でも、ここまで僕のことを引き留めてくれる大人はいなかったと思ったんです」

伊藤の大人に対する頑なな不信感は、いまだに伊藤の内面に存在している。だが、東に対してはわだかまりは消えていた。

「もう一度、しっかりやろう」

それ以来、伊藤が退部を口にすることは一度もなかった。

第5章

一筋の光明と強豪の壁

センバツ4強チームに善戦

2017年度の白山野球部の成績は、152試合を戦って78勝68敗6分。とうとう白星が黒星を上回るようになった。

辻ら1年時から経験を積んでいるメンバーが最上級生になった新チームは、秋の中勢地区予選まで17勝6敗と快調に白星を先行させて練習試合を消化した。辻は夏の戦いで菰野に敗れたことは、いいきっかけになったという。

「中盤まではいいゲームができたけど、最後は突き離されて負けてしまいました。ここからやなと。いい目標ができました。チームでは『ここのレベルを倒せるようにならんと、上には行けやん』と言っていました」

中勢地区予選では、もはや同地区の天敵とも言うべき津商には1対8と完敗したものの、二次予選を勝ち進んで前年に続いて県大会の出場権を得る。さらに県大会では1回戦で伊勢に5対3で勝ち、2回戦では春の県大会でコールド負けを喫した近大高専を9対0と圧倒。逆にコールド勝ちを収めて、とうとうベスト8に進出した。

準々決勝の相手は前年秋の2回戦で敗れたいなべ総合学園だった。当時はコールド負け覚悟で臨んだ試合で意外にも9回まで戦えて、試合後に監督の尾崎から「キミたち、ええチームやな」と声をかけられたことは選手たちの自信になっていた。

尾崎は「そんなこと言わなければよかったかな」と笑って振り返りつつ、白山の成長ぶりを実感していた。

「1年経って、ずっと手ごわくなった。東くんも、勉強の苦手な子たちをきちっと育ててきてすごいですよ。愚直に、素直に取り組んだ結果なんやろうね。東くんの情熱がそのまま反映されたようなチームでした」

試合は白山打線が序盤からいなべ総合学園の好左腕・木戸瑛心をとらえて4回までに4対1と3点のリードを奪った。しかし、東が「石川くんに代わってからピタッと止められてしまった」と言うように、投手が2番手の石川拓哉になってからはゼロ行進が続いた。石川は身長160センチと強豪校の投手らしからぬ小柄な投手だ。

尾崎は「野球は2人目のピッチャーが好投すると、流れがくるようにできているんや」と語る。いかにもベテラン監督らしい試合運びで、いなべ総合学園は着々と流れを引き寄せていた。尾崎は『孫子の兵法』から、こんな言葉を引用する。

「戦いは〈静をもって譁《か》を待つ〉こと。たとえでっかいダムでも、アリンコが小さな穴をピシッと開ければ一気に崩壊する。水圧の強さに耐えられないわけよ。だから野球もいかに小さい穴を開けて、相手を崩壊させるか。一度流れをつかんだら、あとは一気にイケイケで攻めるんや」

いなべ総合学園は中盤までに同点に追いつくと、4対4の9回裏にはサヨナラタイムリーが飛び出して逆転勝ち。白山の快進撃は止まった。

マウンドで悔しさを噛み殺していたのは、山本だった。

「せっかくリードしてもらっていたのに、追いつかれて、大事なところで打たれて負けてしまったので……。次はこういう負け方をしたくない。勝負どころでも攻めるべきところをしっかり攻められるようにしたい」

その後も、白山は練習試合を積み重ねた。

11月12日には春夏合わせて11回の甲子園優勝を誇る愛知の名門・中京大中京のグラウンドまで遠征し、ダブルヘッダーを戦った。結果は7対17、8対16とめった打ちに遭っての敗戦。のんびりした性格の岩田ですら「アホかと思うくらい打たれて、バケモンばっかやなと思いました」と語るほど、衝撃とともに全国レベルを体感した。

さらに11月26日の練習試合最終戦では、すでに翌春のセンバツ甲子園行きが濃厚になっていた三重高とも白山グラウンドで戦った。

先発した山本にとっては、自分が行きたくても行けなかった三重高が相手である。当然、期するものがあった。

「ピッチャーとキャッチャーはレギュラーではなかったのでフルメンバーじゃなかったんですけど、それでも『抑えたろ！』という強い気持ちはありました。いなべにサヨナラ負けした悔しさも残っていたので、『絶対に決勝点はやらん』と思って投げました」

山本は予定の9イニングを投げ切り2失点。2対2のまま延長戦を戦い、山本が交代した白山は3対4でサヨナラ負けした。リードする辻も「U－18代表候補の梶田（蓮）も抑えられたので、自信になりました」と手応えを覚えていた。

三重高を率いるのは、20代にして監督に就任した若き指揮官・小島紳《しん》だった。小島は白山の成長ぶりに驚いたという。

「山本（庸真）の弟のことはよう知っとったんです。白山に入ってすごく伸びていると聞いていて、実際に戦ってみると試合をまとめられるいいピッチャーだなと感じました。それと驚いたのは野手のレベルが上がっていること。東先生をはじめスタッフが充実しているので、相当鍛え込んでいるんでしょうね。白山さんはグラウンドが広いし、こういうグラウンドで試合をさせてもらえるのはウチにとってもありがたいんです」

接戦を戦った三重高は翌春のセンバツ大会で快進撃を見せ、ベスト4に進出。準決勝でも横綱・大阪桐蔭を土俵際まで追い詰める鮮烈な戦いぶりを見せた。この三重高の健闘もまた、白山に「自分たちはセンバツベスト4のチーム相手に互角に戦えた」という、さらなる自信を植えつけたのだった。

M4の解体

冬場はとにかく「振り込み」に時間を割いた。

20球連続で速いテンポでスイングを繰り返す連続ティーで振る力を養い、広いグラウンドを存分に使ったロングティーで飛ばす力を養う。

この冬から、指導スタッフはある一計を案じた。それは、キャプテンの辻と問題児の伊藤をティーバッティングのパートナーとして組ませたこと。伊藤を仲のいい市川と組ませると、どうしても集中力が切れたときに緩みが出てしまうためだ。

退部騒動から改心した伊藤は「メッチャ真面目にやりました」と胸を張る。連続ティーを繰り返したことで、自分のスイングスピードが上がっていくことを実感していた。

ひたむきに取り組む伊藤を見て、栗山は伊藤への認識を改めていた。

「尚はヤンチャでも、野球はチームで一番というくらい好きなヤツなんだなと。表には出さないけど、わかるんです。ティーを打ち始めると止まらんし。京太郎がチャチャを入れて邪魔せんかったら、ずっとやっていますから」

その頃、「近鉄組vs名松組」の対立にも、新たな情勢の変化が生まれていた。名松線で通っていた梶川と、同じく内野手の石田健二郎が、練習時間を少しでも長くするために近鉄線で通学するようになったのだ。梶川の〝乗り換え〟は問題児軍団「M4」の事実上の解体を意味していた。

そうした状況を面白く思わなかったのは、市川だった。

「自分なりにやってるつもりやったけど、『サボってる』という目で見られるのはけったくそ悪かったですね。栗山や宏樹がサボっても誰も見ていないのに、僕がサボってるところは誰かが見ている。僕がやっとるときは誰も見てない。もう意地になってしまって、『絶対にちゃんとしたらん!』と思っていました」

あまのじゃくな市川に手を焼きながら、行動で示すタイプの辻に代わって苦言を呈する役割だった栗山は、この冬に問題児へのアプローチ方法を微妙に変えていた。

「人それぞれに性格が違うので、人に合った対応の仕方があるということに気づいたんです。たとえば堀なら、一緒にふざけるときはふざけて、軽い感じで言わんと絶対に反論してくるし、ふてくされてどっかに行っちゃう。京太郎はとにかく練習が嫌いなので、あえてきつい口調で言っていました。最後の冬になって、そういうところがやっとわかってきたんです。みんな根はいいヤツやし、面白いヤツらです。最後の最後にチームとして結束できたような気がしました」

こうしたいいムードが流れるなか、一心不乱にバットを振り込む選手がいた。秋のレギュラーから外れていた、内野手の有森紫苑《しおん》である。

有森は名張市立赤目中時代は奈良の硬式クラブ・桜井リトルシニアに所属した。奈良の強豪・橿原学院に「推薦の話が来たら進みたい」という希望を持っていたが、残念ながらそのような話はなく、白山に進学した選手である。

オレがオレが……と前に出てくる選手が多い白山にあって、有森はどちらかと言うと引っ込み思案のキャラクターだった。伊藤が何度も退部騒動を繰り返していても、有森は「自分の意思をはっきり出せてうらやましいなぁ」と考えていたという。有森も1年冬に苦手な走り込みに音をあげて「退部したい」と思った時期がありながら、結局退部を申し出ることができず、なんとなく部に留まっていた。

実は有森には「フラフープを回しながらバッティングをする」という意外性たっぷりの特技がある。中学までに密かに完成度を高めていた秘技だが、白山では誰にも披露することはなかった。自分から進んで何かを表現することが苦手だったのだ。試合になれば緊張して、実力が出せないことも多々あった。

そんな小市民的な感覚を持つ有森が、高校野球最後の冬に目の色を変えて取り組んでいたのには理由があった。

「もう最後とわかっていたし、どうしても試合に出たいという思いが強かったんです」

東が「冬場に一番頑張ったヤツ」と認めるほどに振り込んだ有森は、春以降に大きな成長を見せ、チームにとって欠かせない戦力へとのし上がっていく。

「なんてことない投手」の変身

2018年の春を迎える頃、もうひとり意外な選手が急成長を遂げていた。入学当初に辻や栗山に対して「ヤンキー感がする」とおびえていた岩田である。

白山に入学してしばらくは「富山に帰りたい。なんで来たんやろ」と後悔を覚えていた岩田は、3年春を迎えて山本に並ぶ主力投手として台頭していた。

サードとして入部した岩田だったが、1年秋頃から投手も兼任するようになっていた。主に投手を指導するコーチの片岡は「最初はなんてことないピッチャーだったんですけど……」と証言する。

「ただでさえ少ない選択肢のなかで『ストライクが取れるから』という理由でピッチャーをさせていたんですけど、実戦経験を積むなかで揉まれてきました。ストレートの質は山本より岩田のほうがよかったですね」

だが、勝負所になると甘さが出るため、公式戦の大事な試合ではいつも山本が登板していた。岩田は「チャンスを全部潰して、期待をとことん裏切っていた」と明かす。

「練習試合でも、逆転できそうな競った展開で僕がやらかして、負けることが何回もありました」

練習に取り組む意欲も前向きとはいえず、やらされている感覚だった。とはいえ、そんな選手は白山では珍しいことではない。岩田は言う。

「ここ（白山）におる人は全員気分屋なんで。気分が乗ったときは頑張るけど、乗らないときはテキトーにやっていました」

白山高校のある白山町は、山あいにあるためか天気が変わりやすい。先ほどまで青空に太陽が輝いていたかと思えば、突然厚い雨雲が空を覆い土砂降りの大雨に変わることもある。白山町出身の諸木が「白山天気」と称する移ろいやすい天候は、白山の野球部員の気質にもよく似ていた。やる気があれば乗っていけるが、沸き立つものがなければ沈みっぱなし。岩田は典型的な白山天気気質の持ち主だった。

ところが、2年の冬に入るにあたって岩田のなかで心境の変化があった。「そろそろちゃんとやらないかん」という危機感が芽生えたのだ。

理由は2つあった。ひとつは「怒られすぎて申し訳なかったので」という消極的なものだったが、もうひとつは「140キロを出してみたい」という欲が出てきたのだ。

「1年のときは山本を見ていて、テンポもコントロールもよくて、抑えられてすごいなと思っていました。2年の冬になって『140キロを投げたい』と思ってから、急に背番号1がほしくなったんです。それで練習もやたら頑張りましたし、ご飯もたくさん食べました。山本がいなかったら、たぶんサボってましたね」

岩田の身長は山本と同じ167センチ。入学した当時の体重は54キロだったが、冬場にトレーニングの合間に白米を食べるなど肉体改造にも取り組み、65キロまで体重が増加していた。

体の成長とともに球威も向上し、岩田は春の練習試合では見違える姿を見せた。球速は140キロまで届かないものの、130キロ台中盤まで到達。東はその投球を見て、意を決したように三重県外の強豪との練習試合で岩田を重点的に起用していく。三重県内のチームには岩田を隠し、夏の秘密兵器にしようと考えたのだ。岩田はそんな意図にはまったく気づいていなかった。

「やたら先発が多いなとは思っていました。意外と通用するんやなぁ……という感じで投げていましたけど」

夏の戦いに向けて、準備は着々と進んでいた。

菰野への挑戦・第2ラウンド

春の県大会出場権をかけた中勢地区予選は、もはや通過点とばかりに白山は2連勝で早々に突破。第1代表決定戦となる津商との戦いには2対10で完敗と、相性の悪さは相変わらずだったが、それでも第2代表として県大会への出場を決めた。

県大会では打線が爆発した。1回戦では新鋭の暁に13安打を浴びせて10対1で7回コールド勝ち。2回戦では木本から17安打を奪って11対4の8回コールド勝ち。パワーアップした打力を見せつけ、2季連続の三重ベスト8に進出した。そして準々決勝で対戦したのは、因縁の菰野である。

菰野は最速150キロの大台に乗せた田中法彦が新3年生、前年に白山戦で好投した岡林飛翔の弟・勇希が新2年生になり、実質的なダブルエースとなっていた。さらに3番手格の新3年生・河内頼も最速140キロと充実の陣容。打線も長打力のある田中、岡林を中心に破壊力は十分。監督の戸田も期するものがあった。

「前の年の夏（準決勝で津田学園に3対10で敗退）は、僕の選手の使い方が悪かっただけ。ノリ（田中）に頼りすぎてしまった。準々決勝のいなべ総合戦がよすぎた（5回1失点）んで、中1日で準決勝もいけるやろとノリの先発でいったら、ビッグイニング（3回に8失点）でやられて……。もっとエースの村上を頼るべきやった。ノリはまだ2年生やったし、3年生に比べると気力も体力もなかったですから」

戸田のチームづくりは、「複数の好投手を育成する」という点に肝がある。

その原点は、戸田にとって初めての甲子園が目の前まで近づいていた2004年の夏にあった。2年生エースの岡本俊介に依存したチームだったが、大会直前に岡本が故障したことによって機能せず、早々に敗退したのだ。

「エースが投げられないまま負けたのが悔しくて。それからはピッチャーのヒジ・肩を痛めないように夏に持っていかないとダメや、と今の形になりました。土日の練習試合では連投させない。練習のブルペン練習も中1日は空ける。夏の大会は多少は連投することもありますけど、故障をさせないことを第一に考えています」

この方針を貫いた2005年夏に、菰野は甲子園初出場を遂げている。

戸田のノウハウがあるからこそ、菰野の投手は故障が少なく成長し、その評判を聞いて好投手が入学する好循環が生まれているのだ。

そして新たに成長し、白山戦で先発マウンドに上がったのは岡林だった。投手としての能力は、育成選手ながらプロに進んだ兄よりも上とスカウト陣の評価も高い。戸田は「このピッチャーがドラフト上位指名で進めなかったら、自分はどんなピッチャーを育てればいいのかわからなくなるよ」と笑うほどの素材だ。

岡林は県大会に入って2試合連続コールド勝ちを収めた白山打線に対して、「怖さはあった」と明かす。さらに、白山には知っている選手が何人かいた。

「ピッチャーの山本さんは小学校、中学校と同じチームでした。親しくしてくれて、いい先輩でした。てっきりお兄さんと同じ三重高に進むと思っていたので、白山に行くと聞いたときは驚きました。コントロールがよくて、テンポのいいピッチャーなので、正直言って『もったいないな……』と思っていました。あと市川さんは小学校のときにリトルリーグで一緒のチームで、キャッチボールの相手でした。小技が利いて、打席でなんでもできるいいバッターでしたね。リトルのときは一生懸命に練習をやっているイメージもありました」

白山打線を警戒し、低めに丁寧に投げることを意識して試合に向かった岡林だったが、逆に白山の選手たちはその投球に衝撃を受けていた。1番打者の栗山は言う。

「岡林兄より弟のほうがすごいと思いました。兄のときは打てなかったけど、速いとは感じなかったし、ちゃんととらえることはできていたんです。でも、弟のボールは伸びが他のピッチャーとは全然違ってビックリしました」

栗山は4打席立ち、4三振を喫した。1試合4三振は人生初の屈辱だった。

先発の山本が菰野打線を粘り強く3失点に抑えたが、打線は岡林の快投の前に攻撃の糸口すらつかめなかった。主砲の辻が内野の間を抜くヒットを1本打ったものの、チームの安打はその1本だけだった。

1安打12奪三振の完封負け。それは絶望的な結果に思えた。

完敗を認めながらも、東には希望がはっきりと見えていた。

「外のボールになる変化球を見極められれば、夏は勝負できる。夏まで『選球眼』をテーマにやっていこう」

第6章

8名の野球部顧問

女性教員の憂鬱

白山野球部の指導者はみな、教員である。当然のことながら指導しているのは野球部員だけではない。

1学年100人強の小規模校ながら、複雑な事情を抱えた生徒もいれば、ことあるごとに問題を起こす生徒もいる。野球部の伊藤のように、中学時代までの体験から教員に対して不信感を抱いて入学してくる者もおり、デリケートで難しい対応が迫られることも少なくない。

東が赴任した当初は、野球部の壮行会で「どうせコールドで負けるんやから、やらんでええやろ!」とヤジを飛ばした生徒がいたように、学校はお世辞にも落ち着いているとは言えなかった。

東より2年早く白山に赴任していた川本は、当初「何もかもうまくいかない」と悩みを抱えていた。

「なんで自分はうまく指導できないんだろう……と毎日思っていました。全然うまくいかなかったんです。その頃は『早く転勤したい』と思っていました」

川本は1978年1月生まれで、東とは同学年になる。父が少年野球の監督をしており、幼少期から自然と野球に親しみ、自分も父のチームに入団した。当時はたとえ少年野球であっても、女子は公式戦に出られない時代だった。

「試合前に整列して礼するのがイヤやったですね。周りの子はみんな坊主頭なのに、私だけショートカットで……。帽子を取ったときに相手チームの子に『女やったんや!』とバレるのが恥ずかしかったんです」

中学でも野球部に入りたかったが、「女なんか入れられるか！」と顧問に一蹴され、ソフトボール部へ。高校では「絶対に野球部のマネージャーをしたい！」と志願したが、入学した高校野球部は女子マネージャーを採用しない方針をとっていた。失意の川本は高校でもソフトボールを続け、女子大進学を経て教員を志すことになった。

講師を3年間経験した後、家庭科の教員採用試験に合格すると、名張西（現名張青峰）に勤めた。その後、2011年に白山に異動している。

白山に赴任した川本を待っていたのは、「なんなん、このオバさん」という生徒たちの冷たい視線だった。

「生徒たちになめられていましたね。先生に食ってかかる子もいて、『名張西とは雰囲気が違うな』と戸惑うことも多かったです。女子からは服装チェックとかされていたみたいで、『なんなんそれ、ダッサ！』みたいな陰口が聞こえてくるんですよ」

文武両道の名張西で通じた常識が、この学校では通用しない。そのギャップに川本が慣れる前に、一時的に現場を離れることになった。川本には2人の女児がおり、白山に異動してほどなく第三子となる長男を妊娠したからだ。

育児休業期間を経て、2013年に職場復帰すると東が異動してきた。川本が大の野球好きと知った東は、「一緒にどうやろ？」と野球部長に誘ってくれた。

「私にとって高校野球はずっと見ることしかできない、立ち入ることのできないところやと思っていたんです。名張西でも冨山先生（現松阪商）が入れてくださって、白山でも東先生に誘ってもらえて……。本当にうれしかったですね」

部活動加入率と学校運営

東は野球部の立て直しとともに、ひとりの教員として荒れた学校をなんとかしたいと考えていた。そして白山赴任2年目となる2014年、東は1年生の担任を受け持つことになった。入学式直後から東が生徒たちに説いて回ったことがある。

「『とにかく何でもいいからクラブに入れ！』と言いまくりました。中学時代にやっていたことを続けなさいと。どうしても白山に来たくて来ている生徒は少ないので、学校に通う目的が必要やと思ったんです。それと、部活に入っていないとどうしても自分たちだけの空気になりやすい。部活をして、他校と交流するなかで刺激を受け、成長できることがあると思うんです」

以後3年間、東は1年生の担任を務めては新入生に部活加入を勧め続けた。東が生徒たちに熱心に部活動に入るよう促す姿を川本も見ていた。東が赴任当初は生徒の部活動加入率は10パーセント程度。それが年を追うごとに上がっていくと、学校に明らかな変化が見られた。川本はこう証言する。

「私が白山に来たばかりの頃は、行事で椅子を並べなきゃいけないときでも、先生が動かないと生徒は動かないところがありました。でも、クラブ生が増えていくとパッと動ける生徒が増えていったんです。先生に言われる前に生徒主導でいろんなことができるようになっていきました。いつしか教員の間でも『部活を活性化して、学校を元気にしていこう！』と共通語のように言っていました」

東以外にも熱心で活動的な教員が次々と白山に赴任し、彼らの働きかけによって部活動は活発になっていった。部活動加入率は2018年度には84パーセントまで上昇していくことになる。部活動加入率の上昇に伴って、「行くのが恥」とまで言われた地元での評判も、徐々によくなっていった。

すると、学校も部活動の効用を運営に生かさない手はないとある指針を打ち立てる。2018年度より校長に就いた赤松久生《ひさお》は、その経緯を前任者より聞いていた。

「白山高校には、高校をいかにして活性化させるか話し合う『学校活性化協議会』という機関があるのですが、そこで『部活動の活性化』を学校として積極的に支援していこうという方針になりました」

とはいえ、すべての部活を平等に支援するのは限界があり、効率も悪い。そこで支援を特定の部に絞るべきということで、強くなり始めていた野球部が対象になった。2017年度から3年間と期限を区切り、学校として野球部を支援することになったのだ。

学校の支援は3本の柱から成り立っていた。財政支援、人的支援、広報支援の3本である。といっても、財政支援は公立校だけに部費が多少増える程度。限られた予算から精いっぱい捻出しているとはいえ、強豪私学とは比較にならない少額だった。広報支援もできることといえば、ホームページでの情報発信や中学校への挨拶回りくらいだ。

白山野球部にとってもっとも効果的な支援は人的支援だった。つまり、野球部を指導できる人数を増やすということである。

8名の野球部顧問

2018年4月。コーチとして3年間チームを支えた福田が宇治山田商業へと移ることになった。その代わり、新たな指導者が白山野球部に加わった。

ひとりは宿敵・津商業からやってきた池山桂太。津商時代には東のライバル監督である宮本を支え、部長として甲子園出場を経験している。つぶらな瞳が印象的な顔立ちに、筋骨隆々の肉体を誇る29歳の商業科教諭である。

池山の指導者としてのスタンスは、かなり特殊だ。なにしろ「指導者がチームで一番うまくあるべき」というポリシーを持ち、選手の誰よりもトレーニングを積み、野球の技術を磨こうとストイックに努力しているのだ。白山名物のロングティーでは、辻や伊藤よりも飛距離の長いサク越え弾を連発する。

「プロ野球選手を続々と輩出する学校でもない限り、身近に高いレベルの目標がないと成長が止まると思うんです」

そう語る池山は練習の合間を縫っては「バトルロープ」と呼ばれる太い綱を両手に握りしめ、前後に振るなどして筋力トレーニングに励んでいる。

もうひとりは四日市四郷《よごう》から異動してきた磯島毅だ。高校野球の指導者としては異色の理科教諭を務める26歳。小柄な体に眼鏡をかけた風貌は、個性派俳優の野間口徹を彷彿とさせる。

実は磯島は上野高校出身で、東の教え子にあたる。同じく白山でコーチを務めている片岡は、磯島の2学年後輩だ。高校時代の磯島について、東は「最後の夏の大会に代走で出たのに牽制球で刺されたのが印象深い」と笑って振り返る。

白山への異動は、磯島にとっては「まさか」という出来事だった。

「山奥にあって、勉強が苦手な子が集まる学校ということは知っていましたから、不安もありました。こういう学校の子は理科に苦手意識を持っていることが多いですから。なるべく興味を持ってもらえるように、米村でんじろう先生のようにわかりやすく、楽しくなるような実験をしたり工夫しています」

他にも、三重県高校野球連盟の理事長を7年間務めた佐竹真一も、定年後の再任用という形で白山に赴任した。高野連の仕事を続けているため現場指導はしないものの、経験豊富な立場から運営面のアドバイスを送るなどして若いスタッフ陣を支えている。

この3名を加えて、白山野球部の顧問は総勢8名まで増えた。実際に現場指導ができるのは監督の東を筆頭に、諸木、片岡、池山、磯島と計5人もいる。公立高校の部活動でこれほどまでに教員指導者がいるチームは珍しいだろう。

指導者が多いことについて、東は誇らしげにこう言うのだった。

「田舎の高校なんで、監督ひとりだけやなくて、みんなで生徒を見たらいいと思うんですよ。怒り役もいれば褒める役もいて、みんなで温かく見守る。指導者ひとりでは生徒と距離があっても、いろんな人が間に入ることでその距離を埋めてくれますから」

東拓司という男

東は自分よりも若い指導者たちに対して、細かく自分の指導論を押しつけることはしない。「いつかはお前も監督になるかもしれないんやから」と、失敗覚悟で指導者のやりたいようにやらせている。薫陶を受けた野洲監督の奥村が指導スタッフを次々と育成し、「野球部指導者養成学校」の異名をとっていた影響もあるが、理由はそれだけではない。東がたどってきた指導者人生に、その答えがあった。

東は1977年に三重県南部の北牟婁《きたむろ》郡紀伊長島町（現紀北町）に生まれた。4歳で中勢部の一志郡三雲町（現松阪市）に転居し、中学は地元の三雲中に通った。両親とも教員を務め、姉は成績優秀。だが、東は姉ほど勉強ができないことがコンプレックスだったという。

久居高校では、野球部監督の松崎敏祐の厳しい指導のもと、東は力をつけていく。松崎は「黒潮打線」と異名をとった木本高校でも監督を務め、甲子園まであと一歩まで迫るなど、三重県内で名監督として知られていた。

選手・東拓司にとって甲子園は、やはり遠い存在だった。

「県大会はベスト8、ベスト4までは行くんですけど、そこから格上相手に自分の気持ちを全部出して戦えたことがなかった。結局、監督に連れていってもらったベスト8やったんですよ」

一浪を経て大阪体育大に進学すると、2学年上には後にドラフト1位で巨人に進む上原浩治がいた。大学2年時に代走としてチャンスをつかむと、3年以降はレギュラーに定着。4年春の全日本大学選手権にも出場している。

華やかに見える球歴だが、ここから東にとって雌伏の時間が続いた。体育科の教員採用試験に合格するまで時間がかかり、講師として6年間も過ごしたのだ。

「いろんな学校に行きましたよ。母校の久居の他にも、白子、昴学園、みえ夢学園……。午前中に久居に行って、午後に白子、夜にゆめ学園（夜間部は2009年に募集停止）とか。1時間の授業料は3000円くらいで、楽しみは合間にパチンコに行くことでしたね。OBとして久居のコーチはしていましたけど、早く責任のある立場になって野球をやりたいという思いが強かったんです」

昴学園に講師として呼んでくれたのは、三雲中の3学年先輩の竹内伸だった。現在は津工で監督を務める竹内は、当時のいきさつを説明する。

「東が久居の講師をしとるときに声をかけられて、『三雲中の後輩で尊敬してます』なんて調子のいいことを言われて、そこから付き合いが始まりました。若い頃は一緒によく遊びましたけど、あいつは男前やからようモテたんですわ。ムカつくけど、人の懐にフワッと入ってくる、憎めないところがありましたね。あいつは教員採用試験になかなか合格できなくて苦労していたんで、『酒と遊びを全部断って、すべてを捨てろ！』と言ったんです。昴学園は公立校なんですけど全寮制で、寮監の枠が空いていたので東に紹介したんです」

夜は寮の見回りをしつつ、勉強する時間がたっぷりとあった。東は竹内が家族と暮らす教員住宅の隣の部屋に住み、時には竹内家へ食事に呼ばれることもあった。

ある日、東が勉強しているか監視目的で隣の部屋へ行ってみた竹内は、その殺風景な部屋に戦慄を覚えた。カーテンもこたつもなく、テーブルが1台あるだけ。あとは教員採用試験に向けた書籍がズラッと並んでいる。竹内は「本当に勉強しにきたんやな」と東の姿勢に感心したという。

指導者としての東にも面食らうことが多かった。昴学園の野球部は3学年合わせて10人程度と少人数で活動していた。だが、東は竹内に「先生は甘いんすわ」と言って、選手に向かって延々とノックを打ち続けた。竹内はその姿に「こいつは何もかも突き抜けとるな」と感じたのだった。

「とことん面倒を見るスタイルでしたね。東には昔から人の想像をはるかに超えるものがありました。遊びも野球も普通の人間とはかけ離れたものがあるんですよ」

その年、東は29歳にして教員採用試験に合格した。

初任校である上野に赴任した東は、本格的に教員生活をスタートさせる。講師時代に発散し切れなかったあり余るエネルギーのことを、東は今でも忘れてはいない。

「若くて教員免許を持っていても、教員採用試験になかなか受からずに、教えたくてウズウズしている人ってたくさんいるんです。僕も20代の頃はそうして過ごしてきましたから、若くして情熱を持って現場指導できる人が今でもうらやましいです。教えたい気持ち、失敗してもいいから生徒の近くでぶつかっていく姿勢は絶対に力になります」

だからこそ東は高校、大学の後輩である諸木や、上野時代の教え子である片岡を講師として白山に呼ぶよう取り計らったのだ。

諸木も片岡も教員採用試験を毎年受験しながら、講師として白山の教育を支えている。

顧問が8名もいるため、部員が増えるにつれてAチームとBチームに分かれて練習試合をこなせるようになった。写真中央のベンチに座るのが東拓司監督、左隣が川本牧子部長、後方に立つのが諸木康真副部長

なくてはならない〝お母さん〟

白山に異動した当初は「転勤したい」と思い詰めていた川本だが、その後は東らバイタリティーのある教員からも刺激を受け、持ち前の明るさを取り戻していった。

「産休前の自分は、生徒との間に一線を引かないといけない……という思いが強すぎたんやと思います。もちろんそういう学校もありますが、白山は生徒の数も少ないし、お互いに人として話さないと『先生は何を考えてるのかわからん』と話を聞いてもらえません。ここには中学まで怒られ続けてきた生徒や、相手にしてもらえなかった生徒、先生からあきらめられた経験のある生徒もいます。まずは生徒の話を聞いてから、ここではそうじゃない、『あきらめたらアカン』と伝えていきます」

川本は現在、野球部のほかにも家庭部の顧問も兼任している。家庭部は女子中心で、白山校内では野球部に次ぐ部員数を誇っている。川本は「野球部と合わせれば90人くらいなので、全校生徒の3分の1は私の教え子なんですよ」と笑う。

さらに2014年度からは生徒指導部にも属し、校内で問題行動のあった生徒の指導にも奔走している。川本は「問題が起きたときは逆にチャンスなんです」と語る。

「問題行動を起こす子には、その裏に大きな問題があったり、不安を抱えているものです。問題行動が起きたときは、その生徒と絆をつくるチャンス。そのことは白山に来て教わったことですね」

野球部では部長として事務仕事のほか、高野連の当番など煩雑な仕事もこなしている。監督の東ら現場で指導にあたる顧問仲間たちに「存分に指導してもらいたい」という思いからだ。そんな川本に、東も感謝の言葉を口にする。

「川本さんも野球が大好きで、生徒たちが大好きな先生です。生徒たちも川本さんによくなついて、僕には見せないような笑顔で話していますよ。公式戦でベンチにおるだけで、周りが明るくなりますから。お飾りの部長じゃなくて、ウチの野球部にとって不可欠の名物部長ですよ」

公式戦になれば、川本は責任教師としてベンチに入る。「普段は現場に出られないことが多いので、試合になるとうれしくてしょうがない」と本人が言うように、準備にもぬかりはない。

試合当日の川本の手荷物は、かなり大がかりになる。ベンチ入りする指導者用のドリンクを入れたクーラーボックスに、さまざまな道具が入ったトートバッグ。このトートバッグは「四次元ポケット」のごとく、バラエティーに富んだ道具が飛び出してくる。救急セット、裁縫セット、マジックペン、ビニール袋、ティッシュ、うちわ、メガホン、タオルなどなど。

「東先生がたまにタオルを忘れるので、予備のタオルも1本入れてあります。針や糸は背番号やボタンが取れてしまうことがたまにあるので。結構役に立つんですよ」

4月から同僚になった池山は、こうした川本の働きぶりを目の当たりにして衝撃を受けたという。

「男では気づかないようなところにもすぐ気づいて、パッと動ける。そういうところは、やっぱり家事をしている女性は圧倒的に優れていますよね。先回りして氷を準備したり、タオルや飲み物がなくなるとサッと出してくださったり。白山にとってはなくてはならない、お母さんのような存在ですね」

いつしか白山の野球部は東が少し厳しい父親役、川本が明るい母親役、そして若いコーチ陣が兄役という、ファミリー要素にあふれた組織になっていた。だからだろう、白山の指導陣は常に和気あいあいとしており、風通しがよく見える。その理由を川本はこう考えている。

「生徒に対してみんなで取り組まないといけない学校なので、教員がタッグを組まないと成り立たない部分もあると思います。東先生も『ギスギスしてもしゃあないやん』と言っていて、みんなで楽しくやろうという雰囲気を作ってくれていますから」

今ではもう、「転勤したい」と思うことはなくなった。白山の生徒がかわいくて仕方がないと川本は言う。

「白山の子はひとりひとりが何かネタを持っているんです。本人はいたって真面目でも、『えぇ〜！』と驚くようなことを言ったりして。あまり笑いに換えてはいけないのかもしれませんけど、暗くなってもしょうがないですから。たぶん『大変やな』と思っていると大変なんでしょうね。毎日、いろんな刺激に満ちていて飽きないですよ」

第7章 過疎の町と野球部

家城一番の応援団員

白山町家城地区は静かな町だ。

あたりから聞こえてくる音といえば、通りを走る車のエンジン音に、農業用水路のせせらぎ、そして2時間に1本だけやってくる名松線の踏切音と走行音くらい。冬場になれば用水路の水は止まり、空気が澄んでいるためよけい静けさに包まれる。

ある冬の日の夕方。家城地区でクリーニング店を営む畑公之がいつものように作業場で仕事をしていると、遠くから耳慣れない金属音が聞こえてきた。

「キーン!」

畑の店は白山高校から徒歩2分の立地にある。いつもは白山のグラウンドから音がすることなどないのに、いつからか金属バットが硬球を叩く音が頻繁に聞こえるようになっていた。

「野球部が練習してるところなんか見たこともなかったんですよ。でも、昔は全然聞こえてこなかった音がグラウンドの方向から聞こえてくるようになって。どうしたんかなと思っていたんです」

そんな日が続いた2015年のある日、畑は息子が所属する少年野球チームの関係者から意外な事実を知らされる。

「白山に東先生という、野球部の熱心な先生が来たらしい」

畑は驚いた。東とは、畑が通っていた久居高校の同級生だったのだ。直接会話を交わしたことはないが、東という同級生がいたことは覚えていた。

調べてみると、東は前任の上野を三重大会ベスト4まで導いた、県内注目の監督であることがわかった。最近、頻繁に響き渡る打球音の秘密が解けるとともに、畑のなかでふつふつと沸き立つものがあった。

「これは絶対に強くなるやん！」

今まで初戦敗退が当たり前だった白山だが、東がいれば県ベスト8、うまくいけばベスト4まで勝ち進むチームを作ってくれるのではないか。そんな希望が湧いてきた。

それ以来、畑は時間を見つけては愛用の自転車でグラウンドまで足を運び、練習試合を観戦するようになる。登下校で店の前を通る野球部員の数も目に見えて増えており、間違いなく活気が出てきていた。

「山本くんが入学してきたときは『松阪梅村シニアのエースが入ってきた！』と、ちょっとした話題なったんです。山本くんや辻くんはすごく真面目。声をかけても元気よく返事してくれるし、応援したくなります」

だが、いくら周囲に「白山の野球部が強くなるよ！」と力説しても、反応は薄かった。時には鼻で笑われ、悔しい思いを噛み殺したこともある。

２０１７年秋、２０１８年春の県大会ベスト8も球場で観戦したが、周囲は「秋と春にも高校野球をやってるの？」と相変わらず関心が薄かった。だが、畑は気づけば「家城一番の野球部応援団長」を自任するまで応援にのめり込んでいた。

「いつもバックネット裏の最前列に座って見るんです。できれば白山側のネクストバッターズサークルのすぐ近くで。ここが僕にとってはベストの席ですわ。僕は白山の選手の表情を見ながら試合が見たいんですよ」

ファウルボールの被害者

白山野球部のグラウンドは三塁側フェンスを隔てて広大な田畑が広がり、さらに営農組合の事務所が面して建っている。

73歳にして組合を取り仕切る岩崎忠弘は、事務所で精米や野菜の選別をする際「ドーン!」という大きな音に何度も驚かされてきたという。

「野球部のグラウンドからファウルボールがようけ飛んできて、駐車場の車にぶつかるんですわ。ええ車は置けんのですね。他にも事務所の窓ガラスもようけ割れたり、ビニールハウスに穴が開いたりして危ないんですわ」

損害は学校が加入している保険で補填してもらっているとはいえ、こう頻繁にボールが飛んでくれば気が気ではない。そもそもグラウンドのフェンスの高さは10メートルにも満たず、明らかに低すぎる。

それでも岩崎は、観念したようにこう漏らすのだった。

「ウチがあとから建てたんやから、仕方ないですわ。事務所を作った7~8年前は野球部も5人くらいしかいなかったし、飛んでくる心配はなかったんやけどね」

岩崎にとって、白山は母校でもある。4期生として卒業し、現在は同窓会長を務めている。年々地元の評判を落としていく母校に、岩崎は胸を痛めていた。

「ゴミを散らかしたり、ズボンのバンドを下げてだらしなく歩いたり、言うことを聞かん生徒も多いらしくて評判はよくなかったですよね」

だが、ファウルボールが頻繁に事務所に飛び込むようになるのと時を同じくして、学校の雰囲気が変わってきた。

「今は悪さをする生徒はいないし、野球部の子もみんな礼儀正しくてね。私もよう声をかけるんですわ」

田畑に飛び込んだファウルボールは基本的に部員が拾いにくるが、発見できない場合もある。そんなときは岩崎ら組合員が拾い、後でまとめて返すという。

「麦を作っとる頃はいいんですが、水田になっとるときは水浸しで大変ですわ」

業務に差し支えないと言えば嘘になるものの、岩崎にとって白山野球部は生活の一部になり、そして年の離れたかわいい後輩たちでもあった。

地区唯一のコンビニ

地元の人間にとって、白山という高校は「ヤンキーが多い」「廃校寸前」というイメージが大多数を占めていた。

高校のすぐ近くで食堂を営む島田光博は40年以上前に家城地区の少年野球チームを立ち上げ、長らく指導者を務めていた。だが、地元の有望な選手が高校進学時に白山を選ぶことはまずなかったという。

「ウチのＯＢで甲子園に出た選手は３人おるんやけど、行った高校は三重高、久居農林、それと奈良の天理やね。白山に教え子が進むことは少なかったな」

三重高で甲子園に出たのは、島田の息子だった。家城から松阪市にある三重高まで１時間強の通学時間をかけて通い、強豪校でレギュラーを獲得。甲子園へと出場したのだった。島田の父の代から60年近く続くという食堂の店内には、息子の高校時代の写真や甲子園グッズが展示されている。

現在は少年野球の指導現場から離れた島田だが、家城地区の野球人口の低下を身に沁みて感じるという。

「昔は4年生からの募集で3学年合わせて50～60人もいたのが、今では1年生から募集して6学年で1つのチームができるかどうか。子どもの数が減っとるから、人数が足りないんですわ」

そうした家城地区の事情とは裏腹に、白山高校の野球部が活気づいていることは島田も勘づいていた。

「店の前を選手が通るんやけど、朝は早くから通るし、帰りは遅い。みんな礼儀正しいし、東先生になってから変わったなと感じていましたよ」

家城地区に唯一存在するコンビニエンスストア・ファミリーマート白山家城店は、白山の野球部員が「オアシス」と呼ぶ、憩いの場所になっている。

２０１７年12月に前身のコンビニから引き継ぐ形でオーナーになった中山仁美は、「白山の生徒たちがかわいくて仕方がない」と証言する。

「電車が来るまで少しでも時間があれば寄ってくれて、ファミチキ（骨なしのフライドチキン）を買っていってくれるんです。受け答えはハキハキとしているし、電車の時間を気にして『あと1分や！』と焦りながら商品を買ったりかわいげがあるんです。熱いものと冷たいものを買っても『ビニール袋はひとつでいいので一緒に入れてください』と言ってくれるのもありがたいですね。あとはお店の駐車場にゴミを捨てていく困った大人がいるんですけど、白山の生徒さんがゴミを拾ってくれることもありました」

野球部を賞賛するエピソードが次から次へと飛び出す。中山が店を引き継ぐ際、「白山の生徒には注意したほうがいい」と忠告を受けたこともあったが、実態はそんな前評判とはまったく違っていた。

「前のオーナー時代から働いてもらっているアルバイトの子が言うには、『5～6年前から相当変わってきている』ということでしたね」

中山以外にも「5～6年前から学校が落ち着いてきた」と証言する地域住民は多い。それは東が赴任し、部活加入率が高まってきた時期と符合する。

日がすっかり落ち、野球部員がチラホラと店に現れ始めると、ファミリーマートの店員たちは「これから野球部員がたくさん来そうだ」という雰囲気を察知する。そんな野球部員のために、名松線の時刻表に合わせてファミチキを仕込むこともあるという。

2017年4月に入学したチームのムードメーカーであるパルマは、「僕はファミチキより『スパイシーチキン』が好きですね」と笑い、こう続けた。

「白山に来た頃はコンビニがひとつしかないし、通りに人が歩いているところもそんなに見かけなくて寂しいと思っていました。でも、今ではコンビニが1軒あれば十分だし、自然豊かで静かな場所だと思えるようになりました」

コミュニティ・スクール

2018年4月に白山に赴任した校長の赤塚久生は、もともと白山に対してこんなイメージを抱いていたという。

――地域との連携が深い学校。

白山は三重県教育委員会の「コミュニティ・スクール」に指定されている。コミュニティ・スクールとは「学校運営協議会制度」ともいい、地域住民や保護者が一体となって学校運営に参画する学校のことだ。

白山では年に8回、学校運営協議会が開かれる。地域住民らで構成された委員が授業や文化祭などのイベントを見学し、意見を述べ合う。なお、前出の営農組合の岩崎は委員に名を連ね、学校運営協議会に出席している。

協議会の議事録は学校のホームページに公開されるため、そこでの生々しいやりとりを知ることができる。2018年5月8日に開かれた、平成30年度1回目の協議会の議事録から一部抜粋してみよう。

〈この6年間を拝見して、目まぐるしく白山高等学校は変わったなと非常に驚いております。（中略）先生方また我々委員が意見交流をしていくことで変わっていったのか、生徒の質が変わったのか、何かはよくわからないですが、6年前より大きく変わっているというのが現実的でございま

す。〉

〈白山高校が以前とは変わってきているという面もありますが、道いっぱいに、生徒が広がって帰って行き、ゴミも朝から先生方が袋を持ってずっと拾っているのを見ます。昔のことを思えばすごくきれいにはなっていますが、やはり2・3年生の生徒さんが指導するというか、「こんなんあかんのやぞー」というようなことを少し言ってほしいと思います。〉

〈こんにゃく作りに、もう3年か4年ぐらい前から、美杉から来させてもらっています。はじめは本当に「この子たち、どんなんやろなぁ」っていうのを感じていました。後継者に私の息子がいるんですが「もうあんなやったら、行きたくないわ」と言って、1度来させてもらっただけだと思います。それが、昨年度来た時には、すごくいい子たちばかりですごく変わったな、という感じを受けました。今では、もう隅っこ行ってスマホをしたりする子は全くいなくなっています。〉

〈やはり地域との関わり合いというのが増えたと思います。それによって、生徒も地域の方と接する機会が多くなったように思います。なかなか、一度に目に見えた成果というのは出にくいと思います。すぐに結果を求めてしまいます。学校運営協議会では、色々な形で生徒に関わりを持ちながらやっていくことも大事ではないかと思いました。〉

地域住民も学校運営にかかわっていくことで、地域一体となって生徒を温かく見守っていこうという機運が高まっていく。校長の赤塚は胸を張って言う。

「学校だけではできないことでも、地域のみなさんに力を借りればできることだってあるわけです。だから地域のみなさんとの信頼関係をつくる必要があるんです」

自動車整備工場で働く野球部員

白山がコミュニティ・スクールに指定されたのは2013年。それ以前の2005年から、白山では地域が密接にかかわった独自のキャリア教育を実施している。それが「インターンシップ制度」である。

3年生は毎週金曜日の5・6限目「総合的な学習の時間」に、地元企業でインターンシップとして働く。野球部の生徒はガソリンスタンド、自動車整備会社、消防署、小学校など実習先に勤務している。

野球部主将の辻は家城駅の近く、県道15号久居美杉線に面したガソリンスタンド「エネオス家城SS」で勤務する。ひとりの従業員として制服を着て、給油や窓ふきなどの業務をこなしている。

「最初は緊張して、お客さんと話すのも緊張しました。でも働くことは近い将来のことなので、社会に出たときに生きる経験だと思います。いろいろと勉強になりますね」

ガソリンスタンドを経営する58歳の大西康之は、白山高校OBでもある。

「僕が高校生の頃は1学年7クラスあって、全校生徒は1000人くらいいました。今は1学年3クラスで全校生徒300人くらいでしょう。だいぶ減りましたよね。僕らの時代も野球部は弱くて、サッカー部や陸上部から選手を借りて大会に出ていましたよ」

初めて辻が出勤した日、大西は「礼儀正しい子やな」と好印象を抱いたという。

「『今日からお世話になります』としっかりと挨拶できて、好青年でしたね。最初は慣れてもらおうと思って、お客さんにもらった発電機を『バラバラにしていいよ』と渡したら、辻くんはものすごい集中力で解体し始めたんです。普通ならある程度バラしたところで『もうええですか？』となりそうなものなのに、辻くんはもう二度と復元できないくらいバラバラにしたんで驚きましたよ」

なお、このガソリンスタンドは野球部監督の東も利用している。ある日、東は給油したついでに大西に「使わないタイヤはありませんか？」と申し出る。タイヤ押しのトレーニングに使えると思ったからだ。大西の厚意で入手したタイヤは、主に冬場のトレーニングに活用されることになった。

ガソリンスタンドから歩いてすぐの場所には、54歳の福山哲彦が経営する自動車整備工場がある。この工場では、インターンシップ制度導入初期から白山の生徒を受け入れてきた。福山は「初期の頃はヤンチャな子も結構多かったですよ」と苦笑を浮かべながら振り返る。

「命を預かる車やから、高校生にさせるのは軽作業が中心ですね。洗車、タイヤ交換、オイル交換、後片づけとか。正直言って、以前は約束の時間に来んとか、『やらされている』という感じで働く子もいたんです。でも、5～6年くらい前から生徒さんの様子が落ち着いてきたかな」

この工場では野球部の刀根夢斗《とねゆめと》が働いている。刀根は控えの内野手で、公式戦では主に三塁コーチャーを務めている。ユニホームを着ていないときは眼鏡をかけており、166センチ、56キロの小柄な体型も相まって体育会系の匂いがしない選手だ。練習に真面目に取り組む姿勢から、首脳陣の信頼も厚い。

刀根はインターン先を決めるにあたり、自動車整備工場を第一希望にしたという。

「おじいちゃんがもともと自動車会社で働いていたこともあって、車の整備を手伝っていたら『面白いな』とはまったんです。とくにエンジン回りの整備は楽しいですね」

前向きに仕事に取り組む刀根を福山はかわいがり、さまざまな技術を伝授した。刀根はその奥深さにどんどんはまっていった。

「車は乗っている年数で整備の仕方が変わってくるので、そのあたりは経験がないと無理ですし、とても勉強になります。道具の使い方を間違えれば、感電してやけどしてしまう危険もあるので、そのあたりは注意して作業します」

校長の赤塚はすべての事業所に「生徒がお世話になります」と挨拶して回る。そのたびに楽しみにしていることがあるという。

「つい学校だけだとなあなあになりがちなところを、インターン先の方に指導してもらって、自信をつけていく生徒がいるんです。地域に出て、触れ合って、話し合うなかで生徒たちは学校では見せない顔を見せてくれますから」

過疎化と地域おこし

高校と地域との連携はとれているものの、白山町の過疎化は深刻度を増している。

別の地域から白山高校に入学した生徒でも、白山町内に有力な就職先があるわけではないため、卒業後は別の土地へと移ってしまう。結果的に若い人間が寄りつかず、町内の平均年齢は上昇の一途をたどるのだ。

かつて、白山高校がある家城地区は栄えていた時代がある。町内の生き字引であり、表具店を営む岩脇欣示《きんじ》は証言する。

「もともと伊勢へと続く街道があり、家城は昔から栄えた町なんです。かつては映画館があったり、パチンコ屋、電器屋、魚屋、八百屋、味噌屋、醤油屋、酒蔵、薬局と何でもそろっていました。当時からすると、今は考えられないくらい廃れてしまいました」

これといった産業があるわけではなく、観光資源もない白山はみるみる衰退していった。岩脇が小学生だった60年以上前は、1学年あたり80名以上の同級生がいた。それが今では、家城地区の小学校に通うのは1学年6～7名しかいない。

岩脇家は300年にわたって続く家城の名家で、岩脇は10代目当主になる。立派な屋敷も構えるが、長男が早世したことや親類がみな家城から離れて暮らしていることもあり、後継ぎの目途はたっていない。

営農組合の岩崎も「自分たちが死んだら、誰も畑を見る者がいなくなる」と危機感を募らせている。

「白山町は少子高齢化が進んでいて、人口がどんどん減っています。このあたりは年寄りばかりだから、あと10年もすれば戸数も半分くらいになっているでしょう。山村部はもっと深刻で、限界集落に近いですよ。ウチの長男もそうだけど、白山を出ていった若い人が帰ってこないから後継ぎがいないんだよね」

岩脇が証言する「栄えた町」も、今や通りの人影もまばらな元気のない町になってしまっている。外から様子をうかがうと薄暗く、店員の姿も見えないため営業しているのかわからない商店もいくつかある。

そんななか、ひときわ目立つ店が1軒ある。それは「やまちょう」という洋品店である。店頭に大きな黒板を設置し、チョークで描かれたイラストとともにオススメ商品やファッション・健康についての豆知識が紹介されている。

やまちょうは明治3（1872）年創業の老舗である。店主の園佳士は41歳で、妻・典子の実家を継ぐ形で2007年から店を経営している。兵庫県出身の園は、閑散とした町の様子を見て、「このままでは商売が成り立たないな」と感じたという。

園は店内のレイアウトを大胆に変え、店頭の黒板には典子がイラストを描くようになり雰囲気を華やかに変えた。

そしてアイデアマンの園は、思い切った新規事業を始める。それは「旅行業」だった。洋品店の顧客を中心にツアーを組み、新たなビジネスとして軌道に乗せていったのだ。さらに、かつては呉服の展示場として使っていた店舗の2階を多目的スペースとし、さまざまなイベントを催すようになった。絵本の読み聞かせ会、ハーモニカコンサート、体操教室、フラダンス、落語会など。多い日には約70名もの集客がある。

そんな園は商工会の青年部にも所属している。今まで何度も「地域おこしをしよう」と画策してきたが、ことごとく失敗してきたという。

「『白山』という地名なので、氷雪機を借りて白い雪の山を作るお祭りをしたら子どもが喜ぶんじゃないか？　と考えたのですが、企画段階で反対に遭いまして……。他にも白山の自然を楽しんでもらうための着地型旅行で人を呼び込むプランや、営農組合さんと組んで白山でとれたお米をブランド米として何かできないか……と考えてきたのですが、すべて流れてしまいました」

商工会の青年部といっても、部員はわずかに5人。過疎の町を揺り動かすには、エネルギーが足りなかったのかもしれない。園は地域おこしのアイデアが立ち消えになるたびに、無力感を覚えていた。

自分が白山のためにできることは何なのか……。それは園にとって、生涯のテーマともいうべき大命題になっていた。

第8章 三度目の正直

55人まで増えた野球部員

またか——。東はそう思わずにはいられなかった。

2018年6月26日、第100回全国高校野球選手権記念三重大会の抽選会が津市の県総合文化センターで開かれた。今大会に参加するのは、2組の連合チームを含む63校61チームである。シード校はいなべ総合学園、津田学園、菰野、三重高の4校だ。

白山が引いたクジは55番。初戦の相手は四日市南に決まった。そしてそのブロックのシード校は菰野。お互いに順当に勝ち上がれば、3回戦で対戦することになる。2017年夏、2018年春と敗れている、越えなければならない壁だった。

東は居合わせたいなべ総合学園監督の尾崎に「どうしたらいいですかね?」と助言を仰いだ。いなべ総合学園は春の県大会準決勝で菰野と対戦。剛腕エースの田中法彦からタイブレークに突入した延長13回に7得点を奪い、10対4で勝利している。尾崎は東にこう答えた。

「田中のスライダーは打てへんから打つな。見逃せばボールになるから。真っすぐは春の大会でも150キロを出されたけど、打てないことはない。タイブレークに入ってから『スライダーを振らずに真っすぐを打て』と指示したんや」

スライダーを見極め、ストレートを狙う。それは東も同じ意見だった。「やっぱりそうなんや」と確信した東は、菰野の投手対策にさらに力を入れる決意を固めた。

そして、三重大会のベンチ入りメンバーは次の通り決まった。

①　山本　朔矢　3年　松阪梅村シニア
②　辻　宏樹　3年　三重ゼッツ
③　有森　紫苑　3年　桜井シニア（奈良）
④　石田健二郎　3年　久居西中
⑤　岩田　剛知　3年　朝日中（富山）
⑥　栗山　翔伍　3年　西橋内中
⑦　伊藤　尚　3年　四日市ボーイズ
⑧　市川京太郎　3年　鎌田中
⑨　駒田　流星　2年　津田四日市シニア
⑩　堀　涼　3年　久居西中
⑪　神野　真志　3年　名張北中
⑫　橋本　魁蛇　2年　白山中
⑬　河村　岳留　2年　愛知木曽川シニア（愛知）
⑭　梶川裕一朗　3年　松阪梅村シニア
⑮　刀根　夢斗　3年　伊勢志摩ボーイズ
⑯　水谷有太郎　1年　海山シニア
⑰　小古　晴也　2年　鈴鹿ブルズ
⑱　下中　宙　2年　名張ボーイズ
⑲　パルマ・ハーヴィー　2年　三重ゼッツ

⑳ 吉岡　海斗　　3年　津シニア

冬場の猛烈な努力が実った有森が背番号3。そして身長163センチの小兵・石田が背番号4を獲得した。津市立久居西中の軟式野球部では、中学から野球を始めた堀がレギュラーだった一方で、小学1年から野球を始めていた石田は控え部員。目立たない選手だった。だが、白山では小技を使える打撃と堅実な守備を武器に、故障が多かった梶川らを差し置いて、いつしか内野に欠かせない存在になっていた。3年生は13人まで減っていた部員全員がベンチ入りを果たした。

2年生ながら背番号9の駒田は身長180センチと、小兵ばかりの白山にあって一際目を引く長身の外野手だ。志望校だった稲生高校の受験に失敗し、東から声をかけられて「存在すら知らなかった」という白山へとやってきた。四日市の自宅から学校までは岩田よりも遠く、2時間はかかるという。

攻守に高い能力を持っているものの、本人が「声を出すのが苦手」と明かすように、いかにも野球部らしい野太い声が出せない。練習中の声は「おーい」と、やや気の抜けたように聞こえてしまうが、本人はいたって真剣だ。細く整えられた眉毛に激しく湾曲した帽子のつば、制服のズボンをずり下げて履くスタイルも相まって、誤解を受けやすいタイプである。

25人も入部した1年生のなかでは、入学直後から練習試合で本塁打を連発した右のスラッガー・水谷が唯一ベンチ入りを果たした。

白山の野球部員は3年生13名、2年生17名、1年生25名。ついに合計55名まで増えていた。

大波乱の三重大会

7月13日に開幕した三重大会。その2日目となる14日、早くも波乱は起きた。春のセンバツベスト4に進出した三重高が、初戦で松阪商に敗れたのだ。

三重高監督の小島は苦悶の表情を浮かべ、敗戦を振り返る。

「何を言っても言い訳になってしまいますが、初戦にピークを持っていくことができませんでした。春のセンバツでまさかのベスト4まで勝ち進んで、燃え尽き症候群のようになってしまった。夏までどう作り直すか、私もいろんな監督に聞いて回って、『一度登った山を下りないと次の山には行けない』と選手に話して夏に向けて切り替えたつもりでした。それでも試験やらケガ人が続出するやら、なかなか状態が上がってこないなかで、初戦でいきなり松阪商業さん。力のあるチームですし、ウチの苦手な相手なので、やりづらさは感じていました」

小島が「苦手な相手」と語るように、逆に松阪商は三重高が相手でもひるみはなかった。64歳のベテラン監督、冨山には自信があった。

「春の地区予選の第1代表決定戦でもウチが勝っとるし、苦手意識はないですね。過去にも何度か勝っとったから、向こうは初戦でウチと当たるのはイヤやったはずですよ。松商はよく『大物食い』と言われますし、強豪に対して『やったろう!』という気持ちを持った子が入ってきますから」

組み合わせの結果を受けて、冨山はある賭けに出ていた。7月14日の三重高との試合を前に、7月9日から12日にかけて平日にもかかわらず練習試合を6試合も組んだのだ。初戦にピークに持っていくため、実戦を数多く経験しておくことが狙いだった。だが、一歩間違えれば選手の疲弊につながる。冨山自身、「イチかバチかやね」と語る大博打だった。そして7月9日の練習試合の相手は白山だった。

白山は松阪商とはトーナメント表で反対の山に組まれており、冨山にしてみれば「もう夏は当たることはないだろう」と踏んでの練習試合だった。

一方の白山にもテーマがあった。それは「岩田が強豪相手にどれだけ通用するか?」ということだ。東はエースの山本を信頼しつつも、中心投手として台頭してきた岩田の出来が、今夏の結果を左右すると見ていた。

試合は白山が接戦に持ち込むも、5対6でサヨナラ負け。冨山は白山の成長ぶりに目を細めていた。

「辻たちの代が1年生の頃にやったときは、ウチが20点差で勝った。2年生になったら差が10点くらいに縮まった。それで3年生になったら競るようになって。年々強くなってきたなと感じました。栗山なんか、1年の頃はまったく目立たんかったけど、着実に成長したよな」

一方、敗れたとはいえ東にも手応えがあった。

「後半に投げた2年生が打たれて逆転負けしましたが、岩田が夏の大会直前の緊張感のなかで強打線を抑えられることがわかりました。収穫はありました」

実戦経験を積んで初戦にピークを合わせた松阪商は、三重高の先発右腕・定本《さだもと》拓真を立ち上がりから攻略する。初回に1点、2回に2点を奪ってマウンドから引きずり下ろすと、投げては背番号3の好左腕・渡辺敢太《かんた》が粘り強い投球を披露。三重高打線に10安打を許したものの、2失点に抑える。9回にも2点を加えた松阪商は、5対2で快勝。三重高を破る番狂わせを演じてみせた。だが、これは大乱戦となる三重大会の序章に過ぎなかった。

止まらないエラー渦

松阪球場で三重高が松阪商に苦杯を喫していた頃、津球場では白山と四日市南の1回戦が始まっていた。

主将の辻は、「負けたら終わり」という夏特有の雰囲気に、チーム全体が硬くなっていることを感じていた。プレーボールのコールがかかると山本のボールが思ったよりも走っておらず、全体的に高めに浮いていた。案の定、先頭打者にライト前ヒットを打たれ、さらに盗塁を許していきなり無死二塁のピンチを作ってしまう。

それでも、マウンドに上がっているのは入学直後から白山のエースを張っている山本である。経験を積んできているだけあって、慌てることはなかった。2番打者に粘られながらもライトフライに抑え、3番打者も簡単にサードにゴロを打たせた。

サードの岩田が着実に捕り、一塁へ送球。誰もがこれで2アウトだと思ったその瞬間、地面スレスレの低い位置に構えた有森のファーストミットから、ボールがポロリとこぼれた。すでにスタートを切っていた二塁ランナーは三塁を回り、一気に本塁に突入。四日市南が労せず1点を先制する。

捕手の辻が「『それが捕れないか?』とビックリしました」と唖然するほどのイージーミスだった。

ベンチで苛立ちを隠せなかったのは、監督の東である。

「ミットに入った……と思ったら入ってなかった。『何しとんねん！』とつまらないミスにイライラしていました」

ファーストの有森はいきなりの自分のミスに、顔面蒼白になっていた。

「練習試合でも自分がエラーすると、絶対に点につながっていたので……。それが出てしまって、すぐには切り替えられませんでした」

だが、夏に向けて攻撃面を強化してきた白山打線は活発だった。切り込み隊長の1番・栗山が左中間へのシングルヒットで出塁すると、1死満塁のチャンスを作った。打席に入ったのは5番の伊藤である。

「緊張なく、いつも通りやれていました」

そう言ってのける伊藤は、レフトオーバーの2点タイムリー二塁打を放つ。逆転に成功した白山は、7番・駒田にも2点タイムリー二塁打が飛び出して4点を奪う。

これで落ち着いたと思われた白山だが、2回表にも守乱は続いた。1死から7番打者のショートゴロを栗山がエラー。もはやチーム全員が「お決まり」と語るほど、栗山にはエラーが多かった。すると2死一、三塁のピンチから、今度は捕手の辻が悪送球を犯して三塁ランナーがホームインしてしまう。

マウンドの山本は内心「何しとんねん」と思いつつも、これも自分たちらしいと妙に納得していた。

「エラーも多いんですけど、まあ取り返してくれるだろうなと。栗山なんかエラーした後でも『バットで返してやる！』と声をかけてくれるんです」

山本の見込み通り、3回裏には4番・辻、5番・伊藤、6番・有森の3連打で1点を追加。さらに下位打線もつながって2点を加え、とどめは1番・栗山の2ランホームランだった。栗山は自分のエラーが失点につながっても飄々としていた。

「練習試合と同じ感覚でやっていたので、エラーが多いのも練習試合通りやなと。もうピッチャーもわかっていることですし、『打って取り返せばええわ！』と思っていました。その意味では自分の特性は生かせたのかなと」

栗山がこんな境地まで達するには、紆余曲折があった。入学直後から試合でエラーを繰り返していた栗山だが、実は当初は「エラーするたびに落ち込んでいた」という。だが、東はどんなにエラーをしても栗山を積極的に起用した。栗山は東からこんな言葉をかけられている。

「動きはお前が一番ええ。あとは硬式の体に直していけば大丈夫や」

内野手出身のコーチである諸木と二人三脚で取り組み、徐々に成長していく自分に自信を深めていった。2年生になる頃には、栗山は「守備は付属品」という感覚になっていた。

「バッティングのほうが楽しいんで、エラーはなんとも思わなくなりました。『エラーしやん（しない）』と思うからエラーするんですよ。『エラーしてもいい』と思うようになったら絶対にエラーは少なくなります」

こう胸を張る栗山だが、この四日市南戦では6回にもきっちりとこの日2個目のエラーを犯し、持ち味を見せている。

MAX110キロの3年生投手

立ち上がりからエラーが続き、白山にとっては締まらない展開になった夏の初戦。それでも打線が爆発し、5回終了時点で10対2と大量リードを奪っていた。

東はこの夏の大会で「3年生を全員試合に出したい」と考えていた。3年生はチームの歴史を塗り替えた功労者でもある。技術的に足りない選手もいるが、なんとか彼らの努力に報いたかった。

野手は全員自然な形で起用できそうだが、問題は投手陣だった。山本、岩田以外に3年生の投手は3人いる。速球派右腕の堀と、技巧派サイドスローの神野真志、そしてチームメートが「MAX110キロくらいやないですか？」と語る吉岡海斗である。東は6回表から山本をライトに回し、堀を投入する。7回表は神野を起用して2死まで抑え、コールド勝ちまで残り1アウトの場面で吉岡を送る計画だった。

吉岡はなかなかチームの戦力になれない選手だった。主将の辻は「3年間で東先生に一番怒られて、結構キツイことを言われてもやめなかった」と吉岡を称える。

津シニアではレフトのレギュラーで、監督の道原から白山を勧められて入学した。だが、吉岡が想像していた以上に同期のレベルは高かった。

「練習していくうちに『ヤバイな』と思うようになっていきました」

2年生になる頃には投手に働き場を求めた。新しく入ってくる1年生と競争できる自信がなく、投手のほうが何かしら一芸を見つけられればチャンスがあると考えたからだ。

だが、投手転向後もうまくはいかなかった。投手陣最長の178センチの上背を生かして、角度をつけて投げ下ろすフォームにしたものの、コントロールが定まらない。変化球も握りを工夫したが、これといった武器にはならなかった。

「練習試合でもチャンスはいっぱいもらったんですけど、どうしても結果が出なくて」

3年春の中勢地区予選では、とうとうベンチを外された。吉岡は自分の実力では仕方がないと頭では理解しつつも、ショックはぬぐえなかった。あれだけ厳しい冬の練習をやり遂げたというのに、その結果がベンチ外では割に合わなかった。

「冬の練習はえらくて（しんどくて）心にきました。1年のときはあまり『ヤバイ』という感じはないまま過ごしてしまったんですけど、2年のときは背番号がほしかったので頑張ったんです。でも、背番号はもらえなくて……」

翌日から吉岡は練習を休むようになる。もう野球部をやめるつもりで数日休んでいると、東から声をかけられた。

「悔しいのはわかるけど、みんな頑張ってるなかでお前はそれでええんか？」

両親からも「みんな待っとるぞ」と励まされ、吉岡は野球部へと戻ってきた。そんな過程を経て、高校最後の夏に背番号20を手にしたのだった。

ところが、吉岡の起用を決めていた東に誤算が起きた。10対3とリードした7回表から登板した神野が、1死から四球でランナーを出すと、続く打者からダブルプレーを奪ってしまったのだ。これで7回コールド、試合終了である。

マウンド上の神野にしても、「公式戦に投げるのは初めてやったので、ブルペンにいるときから緊張で足が震えていました」と語るほどの一世一代の舞台だった。吉岡は自身の出番がなかったことに落胆しつつも、試合後に東から「使ってやれんくてすまんな」と謝られ、救われた思いがした。

3年生12人を使いながらも、白山は初戦を10対3の7回コールド勝ちで発進したのだった。

ファーストミット事件

初戦の試合後、東は「考えられへん！」と激怒していた。怒りの矛先はファーストの有森へと向けられていた。

1回表に痛恨の捕球ミスを犯した有森のファーストミットを見て、東は思わず言葉を失ったという。

「いかにも『学校の体育倉庫に眠ってたんか？』と思うような、革がペラッペラのミットで、ようこれで試合に出ようと思ったなというミットやったんです」

有森はもともとサードを守っており、春からファーストへとコンバートされていた。自分のファーストミットを持っていなかった有森は、2年生の岡田龍宜《りゅうき》のミットを借りて試合に出ていた。その革がなぜ「ペラッペラ」だったのか。そこには恐るべき事情が隠されていた。有森は恥ずかしそうにその内幕を明かす。

「岡田のミットは軟式用やったんです。練習試合でもずっとそのミットを使っていて、一番慣れていたんで『これでええか』と使っていました」

高校3年生の硬式野球部員、しかも上位進出を狙うチームのレギュラーが、軟式野球用のファーストミットを使っている。そんな例が過去にあっただろうか。

東たち首脳陣は早急に対策を練らなければならなかった。チームとして新品を買うことも検討されたが、革が馴染むまでに時間がかかるだろう。

そんななか、コーチの片岡が「自分のミットを使いますか?」と私物を提供する。それは片岡が高校時代に試合で使っていたファーストミットだった。だが、片岡には内心、複雑な思いもあった。

「このミットでエラーして僕の夏は終わってるんで、いわくつきのミットなんですよ。それを選手に使わせていいものか……と」

背に腹は代えられない。片岡にミットを借り、初めて硬式野球用のファーストミットを手にした有森は、こんな感想を抱いた。

「革の硬さが軟式用とは全然違っていて、『捕りやすいなぁ〜』と思いました」

コンタクトレンズ事件

7月17日、白山の2回戦の相手は上野だった。

東にとってみれば愛着のある前任校である。とはいえ、離れてからすでに6年の時間が過ぎており、ユニホームも東の在任時から変わっていた。

「知っている卒業生や保護者はたくさん来ていて複雑でしたけど、ユニホームが違うので印象がガラッと変わっていましたね」

この試合も白山は1回表に1点を失うものの、直後にすぐさま反撃を開始した。立役者はまたもや5番の伊藤である。1死満塁から左中間への2点タイムリー二塁打。伊藤は2回裏にもライトオーバーのタイムリー二塁打を放ち、その打棒を爆発させる。伊藤の活躍もあり、白山は2回までに大量7得点を奪い、試合を優位に進めた。

2年夏の退部騒動を経て心を入れ替えた伊藤だが、実は肉体的にも劇的な変化を遂げていた。伊藤はあっけらかんと衝撃的な告白をする。

「2年秋まで目が悪くて、ボールがほとんど見えていなかったんです」

伊藤は極端に視力が悪いことを隠して試合に出ていたのだ。下級生時は投手も兼任していたが、不自然なほどストレートばかり投げていた。それは変化球に自信がないわけではなく、「キャッチャーのサインが見えないから」という理由だった。

外野を守っているときも打球が見えず、人知れず困っていた。フライだと思って空を見上げていたら、ゴロが転がってきたこともあった。伊藤の守備が緩慢に見える理由の一端は、この目にもあったのだ。

視力が悪ければ、眼鏡をかけるなりコンタクトレンズを入れるなり、対策を練りそうなものだ。ところが伊藤は「眼鏡はイヤやし、コンタクトは怖い」という理由で裸眼のままプレーを続けていた。それほど視力が悪ければ打撃への悪影響が心配されるが、伊藤は事もなげにこう言ってのけるのだった。

「見えなくても打てていたので、ええかな……と思っていました」

マウンドから放たれるボールは、ほとんど伊藤の肉眼に映っていなかった。おぼろげな影のように近づいてくるものを叩けば、勝手に遠くまで飛んでいく。そんな打撃能力の高さゆえ、伊藤は視力を改善する必要性を感じていなかったのだ。

だが、2年の冬にいよいよ「守備が怖い」となり、伊藤はコンタクトレンズを試してみることに決めた。初めて自分の眼球に触れる、透明な半円状の物体。入れる前は「痛そうでイヤやな……」とあれほど毛嫌いしていたものが、実際に入れてみると驚くほど何ともなかった。それ以来、伊藤はクリアな視界でプレーできるようになった。

「コンタクトをつけ始めたときはピッチャーの投げるボールが速く見えて、120キロのボールが135キロくらいに見えて、慣れるまでに時間がかかりました。でも目がよくなったので守備は普通にできるようになりましたね」

伊藤の爆発に続くように、この日も白山打線は6回までに12安打11得点を挙げて上野を圧倒した。6回裏には代打の1年生・水谷が四球を選ぶと、すかさず代走に吉岡を起用。これで3年生13人全員が夏の三重大会に出場できた。吉岡は東への感謝の思いを口にする。

「僕より足の速い人はいたのに、わざわざ出番を与えてくれる気持ちがありがたいなと思っていました。野球部をやめなくて本当によかったです」

また、ショートの栗山はこの日も2エラーを犯したが、2安打2打点とバットで取り返す〝平常運転〟ぶりを見せた。

初戦に続いて先発した山本は7回3失点で完投。11対3と2試合連続の7回コールド勝ちで、白山は2年連続の夏の大会ベスト16進出を決めたのだった。

壊れたピッチングマシン

白山が3回戦進出を決めた裏で、三重大会はさらなる波乱が起きていた。シード校であり、前年夏の三重代表である津田学園が四日市に競り負けたのだ。四日市は三重県を代表する進学校で、1955年夏に全国制覇を成し遂げた伝統校でもある。三重高、津田学園と有力私学が続々と敗れる番狂わせに、三重大会は「この大会は何かが起きる」と異様な雰囲気に包まれていった。

上野戦を終えた白山の選手たちは津球場に残り、菰野の2回戦を観戦した。菰野は1イニングごとに投手を替え、田中、岡林、河内ら豪華投手陣の5投手が5イニングを無失点。打線は打者としても超高校級の岡林が特大の2打席連続ホームランを放って、3回までに12得点。菰野にとってはこの日が夏の初戦にもかかわらず、緊張を感じさせない、圧倒的な試合運びだった。

白山にとって大きな課題は、全国でも指折りの菰野投手陣からいかにして得点を奪うか。東が考える対策は、「スライダーを捨てて、ストレートに絞る」というシンプルなものだった。だが、白山には大きなハンデがあった。速球対策の必須アイテムともいえるピッチングマシンが壊れており、使用できないのだ。

苦肉の策として編み出した練習法は、「打撃投手を近い距離から投げさせる」という原始的なものだった。打撃投手に抜擢されたのは、諸木、片岡ら若いコーチ陣である。高校時代、右腕から最速130キロ前後の速球を投じていた片岡は言う。

「マウンドの3～4メートル手前から投げていました。とにかくスピードに慣れること。僕と諸木先生がメインで投げて、磯島先生が投げることもありました。あと池山先生は左投げなので、サウスポー対策のときに活躍しました。コントロールが悪い選手に投げさせるとデッドボールの危険があるし、信頼できる人間じゃないと厳しいですから。その分、僕らが頑張って投げていました」

そう胸を張る片岡だが、実は「片岡さんはコントロールが悪くて、ぶつけられることもあって怖かったです」と苦笑交じりに告白する選手もいた。とはいえ、この練習で自信がついたと断言したのは栗山だった。

「諸木さんはボールが速いわけではないんですけど、コントロールがいいんです。片岡さんはボールは速いけど、コントロールがバラバラ。でも、それぞれ打ち込むうちに自分のいい形を染み込ませながら、選球眼を磨く練習になって調子が上がりました」

東がこだわったのは「選球眼」だった。春から県内外の強豪と練習試合を繰り返すなかでも、選手に「ボール球は絶対に打つな」と徹底させていた。ボール球を打ちたくて打っている打者などごく少数で、ほとんどの打者は体が反応してボール球に手を出してしまっているはずだ。だが、東は口酸っぱく厳命するなかで、手応えを深めていった。

「言い続けていたら、結構できるもんなんやなとわかりました」

いつしか選手たちの間で「三度目の正直」が合言葉になっていた。菰野への三度目の挑戦は、もう目の前に迫っていた。

菰野への挑戦・第3ラウンド

7月21日、津球場での白山対菰野の一戦は12時39分に球審のプレーボールのコールがかかった。菰野の先発投手は春に続き、2年生の岡林。一方、白山は奇襲に出た。先発投手にエースの山本ではなく、岩田を起用したのだ。東は抽選会の日に腹をくくったという。

「菰野は岩田で行こうと決めていました」

準備も進めていた。春から県外の強豪との練習試合に岩田を優先的に登板させ、結果にも表れ始めていたのだ。そして、東の脳裏に山本が白山に入学する際に松阪梅村シニアの関係者が口にした言葉が引っかかっていた。

「山本は甲子園に行けるピッチャーじゃないけど、公立校を勝たせてくれるピッチャーですよ」

すべてを真に受けたわけではない。だが、たしかにと感じる節もあった。

「強いチーム相手だと苦しくなるなと感じていたんです。いいピッチングはするけど、打たれ始めると止まらない。高校ですごく伸びたピッチャーやけど、このままでは勝てやんのかな……と思いました」

山本の最高球速は135キロで、137キロが最速の岩田と大きな差があるわけではない。だが、岩田の打者の手元で伸びてくる球質と飄々としたマウンドさばきに、東は大きな可能性を感じていた。

その一方で、東はチームが弱い時期から山本がエースとして投げ続けてきたことへの信頼と、恩義を忘れることもなかった。

「山本は入学式の次の日からマウンドに上がってくれたピッチャーです。公式戦で初めて勝ったピッチャーも山本やし、夏に初めて勝ったピッチャーも、秋・春のベスト8になったピッチャーも山本です。ここまで山本が引っ張ってきたのは間違いない。ここぞという場面は山本に託して、それで負けるなら悔いがないと考えていました」

岩田が菰野戦の先発投手起用を告げられたのは、17日の2回戦終了後だった。岩田は内心、「やらかしたら終わりやし、どうしよう」と動揺していた。

岩田は自宅に帰ると愛用の動画サイトを開き、「応援にやられないように、ずっと菰野の応援動画を見ていました」と訓練に励んだ。いざ試合が始まると、岩田は菰野の大応援にも「どこかで聞いたことがあるな」という感覚でマウンドに上がっていたという。

岩田の起用に面食らったのは、菰野の選手たちだった。この日、4番・ファーストとして先発出場した田中は言う。

「岩田くんのことはまったく頭にありませんでした。ずっと山本くんがくるだろうと思って、スライダーを想定してマシンで打ち込んでいましたから」

岩田をリードする辻は「いつもの岩田や」と思いながらリードしていた。

「岩田のストレートは手元で伸びてくるキレがあるんです。そこへ春になってからスライダーのコツをつかんで、カウントを取るにも空振りを取るにも使えるようになった。左バッターにはチェンジアップで緩急も使えるし、球種が多くてリードするのが楽しいピッチャーになっていましたね」

最初の3イニングはお互いに無得点。静かな立ち上がりになった。

「やっと田中が出てきたわ！」

試合が動いたのは4回裏だった。菰野は先頭の田中が詰まったフライを打ち上げる。

「1打席目も打ち損じてライトフライだったのに、2打席目もとらえきれなくて『うわ〜！』と思わずバットを叩きつけそうになりました」

だが、ショートの栗山とセンターの市川の間にフラフラと上がった打球はポトリと落ち、それを見た田中は二塁を陥れる。

無死二塁で迎えるのは5番の岡林。右投げ左打ちの岡林は、2回戦でライト方向へ2本の本塁打を放っていた。この打席でもライトへいい角度の打球を上げたが、岡林は「先っぽでした」と手応えがなく、ライトフライに終わった。岡林は打撃面の感覚に微妙な狂いを覚えていた。

「初戦で2本ホームランが出ていて調子がよかったので、無意識のうちに『もう1本いったれ』という欲が出たのか、体が少し早く開いていました」

捕手の辻は岡林に対して「緩急に弱そうやな」と感じていた。いかにして緩いボールを使うか、それが岡林攻略の糸口に思えた。

岡林は倒れたものの、二走の田中はタッチアップして三塁に進んでいた。そして打席に入ったのは6番・サードの梅村聡一。この打者は2年時からレギュラーを張り、とくに白山戦で好結果を出していた打者だった。捕手の辻は言う。

「菰野でとくに注意すべきは4番の田中ノリ、5番の岡林、6番の梅村の3人でした。とくに梅村は春も打たれているし、勝負強くて一番イヤなバッターでした」

梅村も白山への得意意識があるからか、打席内で冷静に考えていた。

「岩田くんは序盤から変化球中心の攻めだったので、ここも変化球で来るだろうと思ってスライダーを待っていました」

その読み通り、ストライクゾーンに入ってきたスライダーを梅村が一閃。豪快なフォロースルーで振り抜かれた打球はレフト線に入るツーベースに。三塁から田中がゆっくりと還ってきて、菰野が1点を先制した。

投手力を考えれば、あまりに痛い1点に思える。だが、ベンチの東に焦りはなかった。春は手も足も出なかった岡林が、春ほどの出来ではないと感じていたからだ。

「三振はしているんやけど、明らかなボール球を振っての三振はなかった。それは指示通りやったんで、ストレスはなかったですね。チャンスは作っていたし、球数も投げさせていたので『いつか点は取れるやろう』と見ていました」

岡林兄弟に対して「なぜかタイミングが合う」と相性のよさを口にする4番の辻が6回までに2安打を放ち、栗山と有森にも1本ずつヒットが出ていた。6イニングを無得点に抑えられているとはいえ、うち4イニングで得点圏までランナーを進めている。

選手たちの間でも「いける」という思いが芽生え始めていた。春の対戦では4打席4三振に抑えられた栗山は言う。

「やっぱりすごいなとは思いましたけど、ビックリはしませんでした。『絶対に三振はしやん』と打席に入ったらバットに当たったので、凡打でも落ち込むことはなかったですね。むしろ、『次は打ったる！』と切り替えていました」

マウンド上の岡林も、白山打線の春からの成長を感じていた。

「春は真っすぐとスライダーのコンビネーションで抑えられたので、多少甘くなってもオーケーだと思っていました。でも、夏は対応してきて『いいところに決めないと抑えられないな』と感じて、結果的に球数が増えてしまいました」

白山は6回裏から岩田をサードに回し、マウンドに山本を送った。菰野打線は6回まで7安打を放ちながらも、得点は4回に挙げた1点のみ。試合は膠着状態になっていた。試合が進むにつれて、焦れてきたのは菰野監督の戸田だった。この日、津市の最高気温は34度。この夏は全国的に異常な暑さが続いていたこともあり、戸田は炎天下のマウンドで投げる岡林が心配でならなかった。

「この試合は岡林が完投して、準々決勝は（田中）ノリで行く予定やったんです。でも、このクソ暑いなかで投げとる岡林を見とると、『まだ2年やし大事に使わんと……』と思って。それで『残り3イニングならいけるやろう』とノリに準備させたんです」

前年は2年生の田中を重点的に起用するあまり、津田学園に敗れた経緯があった。投手を大事に使うこと、そして3年生の力を信じること。そんな戸田の方針が、まだ失点を許していない岡林の交代を決断させた。

7回表、2番手としてマウンドに上がった田中は、思いがけない光景を見る。それは一塁側の白山ベンチが「やっと出てきたわ！」と歓声をあげていたのだ。

「ベンチとスタンドが盛り上がっているのを見て、『喜んでるわ……』と、ちょっと雰囲気に飲み込まれたところがありました。いつもにはない投げづらさを感じましたね。白山は真っすぐにはメチャクチャ強いイメージがあって、甘いところは打たれると思っていたので、いつもより慎重になりすぎていたかもしれません」

白山ベンチはどんな心境だったのか、栗山はこう明かす。

「田中のほうが可能性はあるんじゃないかとみんなで話していました。対戦したことがないのでよくは知らんけど、岡林より打ちにくいことはないやろうと。速球には自信があるので、田中に替わって『やっと出てきた！』と叫んでましたね」

いつもとは何かが違う——。最速150キロ超の剛腕に、白山は投げる前から違和感を植えつけていた。

天に見放されたセカンドライナー

白山は千載一遇のチャンスを迎えていた。

先頭の8番打者・石田に対して、田中は1球もストライクが入らず四球。さらに暴投で無死二塁とチャンスは広がる。ところが、続く9番・岩田の送りバントは投手正面に転がり、二走の石田は三塁でタッチアウト。好機がしぼみかけたに見えたが、1番・栗山が「ストレートだけを狙って、差し込まれないようにしっかりとらえられた」と快心のライトオーバーの二塁打を放ち、1死二、三塁。

逆転のチャンスを迎え、打席に入ったのは2番の市川だった。打撃好調だったチーム内にあって、市川はひとりだけ乗り遅れていた。この打席まで3試合で9打数1安打、ヒットもセーフティーバントによる内野安打だけだった。

「大会前までは今年4割くらい打っていたのに、本番に入ったら打てんくて……。自分がどうなっとるんか見失っていました。いつもなら修正できるのに、このときばかりはいくらバットを振ってもダメで。みんなに迷惑をかけて、『野球イヤやな……』とストレスになっていましたね」
1、2回戦は3番を打っていたが、この試合は東の配慮で2番に据えられていた。「なんとかせなアカン」と危機感を抱いていた市川は、ようやくこの打席で田中のストレートを真芯でとらえる。打球は低いライナーになって、セカンド正面に飛んだ。
「あぁ、セカンドゴロか。でも、(三塁走者の)岩田が還ってくるから同点やな」

真正面の打球とはいえ、菰野の内野陣は前進守備を敷いていない。打った市川はヒットにできなかった悔しさを抱えながらも、最低限の仕事はできたと思いながら一塁ベースを駆け抜けた。

ところが、菰野の守備陣が一斉に三塁側ベンチへと下がっていく。何が起きたのかまったく理解できない。周りのチームメートに聞くと、「ゲッツーや」と聞かされた。

「打った自分はわからないんですけど、周りのみんなは『誰がどう見てもショーバンや』と言うとったんです。でも、それをセカンドがノーバンで捕ったと判定されて、二塁ランナーの栗山はスタートを切っとったので、セカンドに送られてゲッツーになったんです」

自分はどこまでついてないんや……。

市川はやるせない思いを発散できないまま、センターの守備位置についた。白山は願ってもないチャンスを棒に振ってしまった。

「あとは3番から5番までしっかり抑えれば完璧やな……」

そう思って三塁側ベンチに戻ってきたのは、ピンチを脱した田中だった。田中の目には、市川の打球はバウンドせずにセカンドのグラブに収まったように見えていた。ラッキーではなく、打ち取った達成感があった。残りは2イニング。とくに3番から始まる8回を3人で抑えれば、白山に反撃の目はないように思えた。

しかし、ベンチの東は「まだ絶対にワンチャンスはある」と信じていた。

不穏な三塁ランナー

この日、市川に替わって3番に起用されていたのは、大会に入って絶好調の伊藤である。ところが、この日はここまで3打数0安打といいところがなかった。伊藤は内心、「3番はイヤやなぁ」と感じていた。

「いつもは5番やのに、3番ということで初めて緊張しました。菰野には1回も勝っていないし、プレッシャーを感じたんです」

8回表、先頭打者として打席に入った伊藤は、カウント1ボール2ストライクと追い込まれる。曲がり幅の大きなスライダーを頭に入れる伊藤に対して、田中は意外な球種を選択する。それは左の強打者用にとっておいたスプリットだった。

人差し指と中指でボールを浅く挟み、強く腕を振る。その瞬間、田中は「ヨッシャ!」と叫びたくなった。

「完璧なリリースができて、ストライクゾーンからボールゾーンに落ちていく軌道が見えました。

『三振や！』と思ったんです」

必殺の球種の前になすすべなく、伊藤が差し出したバットはむなしく空を切った。ところが、伊藤が名残惜しそうに後ろを振り返ると、ワンバウンドを捕球し損ねた捕手がボールを見失っていた。伊藤はすぐさま一塁へと駆け出し、一気に走り抜ける。まさかの振り逃げでの出塁である。

不運な形で先頭打者を出したが、田中は「次を抑えればいい」と揺るがなかった。この日、岡林から2安打を放っていた4番の辻をスライダーで空振り三振に仕留め、まずはワンアウトを奪った。

そんな辻の三振をネクストバッターズサークルで見ていた5番打者の有森は、漠然と「去年よりは打てそうだな」と思っていた。

「速球対策をやってきていたので、ボールは見えていたんです。投げ方は岡林弟のほうが打ちにくくてイヤやったんですけど、田中のほうが打てるかも……と思いました」

珍しく自信を持って打席に入った有森は、際どいコースのボールをことごとく見極めて見送る。カウント3－1から四球を選んで、一塁へと進んだ。

1死一、二塁となり、さらに6番の駒田が打席に入る。すると今度は、田中が「打たせてゲッツーを取ろう」と投じたカーブがすっぽ抜け、死球になった。

1死満塁。おそらく今度こそ、白山にとってラストチャンスだった。途中から7番に入っていた山本が打席に入る前、東はこう耳打ちする。

「真っすぐ一本でいけ！」

打力はさほど高くはないものの、東は山本の思い切りのよさを買っていた。変化球を混ぜられれば厳しいが、ストレートだけならとらえられるという思いもあった。

作戦はヒッティングだが、念のため菰野サイドに「スクイズもある」と思わせるために、東はブロックサインを送ろうと構えた。ところが、三塁ランナーの伊藤の様子がおかしい。ベンチを見ようともせず、サードの梅村に何ごとか話しかけているのだ。

「伊藤、ベンチを見ろ！」

大慌てのベンチをよそに、三塁ベースに立つ伊藤は、あまりの暑さに意識がもうろうとしていた。

「サードの子に『暑いなぁ』と話しかけとったら、ベンチから怒られました」

もちろん勝敗を分ける緊迫した場面だということは自覚している。だが、灼熱の太陽を浴びているうちに、伊藤の集中力は徐々に削がれていった。

打席では、東から速球狙いを指示された山本が必死に作戦を練っていた。

「いつもは足を上げて打っていたんですけど、速いピッチャーの速球狙いのときはノーステップに変えていたんです。このときもその打ち方でいこうと決めました」

そして山本が待ち構えたその初球、低めにいきなりストレートがきた。見逃せばボールだったかもしれない。だが、速球に照準を合わせていた山本は、思い切って振り抜いた。打球は地面に強く弾んで、三塁線へと向かっていった。

「サードゴロや！」

マウンド上の田中も、サードの梅村も、レフトを守っていた岡林も、さらには打った山本も同時に感じたことだった。とくにサードの梅村は自分のすぐ右側に飛んできただけに、距離感はすぐに察知できた。これを捕れば、ダブルプレーがとれると思った。

ところが、ここで梅村の目の前に信じられない光景が待っていた。三塁ランナーの伊藤が、なぜか三塁ベースに戻ろうとしているのだ。

ワンアウト満塁でゴロが転がっている。たとえ野球を始めたばかりの小学生でも、自分が三塁ランナーなら何をすればいいかわかるだろう。当然、三塁ランナーは一目散にホームに向かって走るべきなのだ。ところが、伊藤は何をどう勘違いしたのか、三塁ベースに戻ろうとしている。一瞬のうちに梅村の思考は混濁した。

「三塁線に打球が来て、サードランナーが戻ってきて、姿が重なってボールが捕りにくいということはありませんでした。でも、『これを捕ってすぐサードランナーにタッチにいけばいいな』と思っているうちに、気づいたら打球がグラブをかすっていました」

打球は梅村のグラブをかすめ、勢いそのままにレフト線のファウルゾーンへと逸れていった。そして、バックアップするはずのレフトの岡林は、一瞬「サードゴロ」と思った分、スタートが遅れていた。さらにクッションボールの処理にもたつき、大幅に時間をロスしてしまう。岡林が内野にボールを返したときには、すでに満塁の走者がすべてホームに還ってきていた。

サードの梅村は捕れるはずだった打球を捕れなかった自分を責めながらも、いまだに信じられない思いが渦巻いていた。

「なんでサードランナーはバックしたんだろう……？」

誰もが「終わった」と思った瞬間

なぜ伊藤は帰塁しようとしたのか。その答えは驚くほどシンプルだった。

「いや、ボーッとしてましたし」

打球を見た瞬間、何の理由もなく、思考を働かせることもなく、本能の赴くままに三塁ベースに戻ってしまったという。本来であれば、大目玉を食らうようなチョンボのはずなのに、この場面だけはそのミスがチームを救った。

東は伊藤を怒るどころか、もはや諦観していた。

「そんなんしょっちゅうありますから」

これで3対1。白山はこの試合、初めて菰野からリードを奪った。8回表が終わると、東はイニング間にすぐさま喫煙スペースへと移動し、タバコに火をつけた。

「これで勝てんのかなぁ……。あぁ、これ1本吸い終わって、戻ったときにはワンアウトになってたらええのになぁ……」

そんな都合のいい願望を抱きながら、吸い殻を捨ててベンチに戻った東を待っていたのは、ショートの栗山が〝お決まり〟のエラーをしている瞬間だった。

「これはもつれるな……」

東の悪い予感は当たった。その後、菰野は名誉挽回に燃える梅村のライト前ヒットでチャンスを広げ、8番・渡邉秀太のセンターオーバーのタイムリー二塁打などで難なく同点に追いついた。東はベンチで苦虫を噛み潰したように、こう感じていた。

「やっぱり菰野は簡単に越えさせてくれんのや……」

なんとか同点で食い止め、9回表の攻撃に移る白山の救いといえば、打順が1番から始まることくらいだった。

だが、頼みの栗山は初球を打ってショートゴロ。2番の市川は四球を選んで出塁し、続く伊藤のカウント1－1からエンドランを試みたものの、田中の大きく曲がるスライダーの前に空振り。あまつさえ市川も二塁で憤死し、白山の攻撃はあっという間に2アウトとなり、しかもカウントは1ボール2ストライクと絶望的な状況に陥っていた。

東はスライダーがワンバウンドしていたにもかかわらず、二塁でアウトになった市川に苛立ちを覚えながら、「この回はもう無理や……」と後ろを向いた。

そして、打席の伊藤もまた「終わったな」と感じていた。ランナーがいなくなり、しかも2ストライクと追い込まれている。前の打席でスプリットを空振りした残像も残っていた。変化球を待っていても打てるはずがない。真っすぐだけを狙おう——。

ストレートへの対応には自信があった。この日、自己最速の152キロをマークして場内をどよめかせた田中の剛速球でも、伊藤は「打てない」と感じたことはなかった。速球への自信は、ほとんど見えていなかった裸眼時代から変わっていなかった。

腹を決めて打席に入った伊藤は、次の瞬間に不思議な感覚にとらわれた。マウンドの田中が振りかぶったとき「真っすぐが来る」と感じたのだ。具体的にどこかはわからないが、変化球を投げるときとは微妙に雰囲気が違うように見えた。動物的なカンとしか言いようのない違和感は、伊藤に不思議な確信を与えていた。

「外の高めやったと思います。なんでか知らんけど、バットに当たってくれました。インコースは得意なんやけど、外はあんまり得意やないんですよ。もう打った瞬間に『入った』と思いました」

伊藤が弾き返した打球は快音を響かせて、津球場のライトスタンド場外へと消えていった。まさかの勝ち越しホームラン。市川がアウトになった時点で後ろを向いていた東は、この瞬間を見逃したという。

半狂乱になるベンチで誰よりもホームランを喜んでいたのは、伊藤の退部を決死の覚悟で阻止してきた堀だった。

「こんな大事なところで打つなんて……。本当にヤバかったですよ。みんなに『尚のおかげや！』って言いまくっていました。尚がやめるのをずっと止めてきて、本当によかったと思いました」

ゆっくりとダイヤモンドを一周して一塁ベンチに戻ってきた伊藤は、手荒い祝福を受けながらも、ふわふわと自分が現実の世界にいないような浮遊感を覚えていた。

4対3。とうとう菰野の尻尾をつかまえるときが目の前に迫っていた。

絶体絶命の難関

だが、菰野はやはり一筋縄ではいかない強敵だった。

9回裏、先頭の2番打者・河端秀年《ひでとし》が山本から死球を受けると、3番・川上泰平が一、二塁間を破るヒットで続く。河端は一気に三塁まで進み、無死一、三塁。白山にとっては絶望的な場面で、もっとも警戒すべき田中、岡林、梅村の3人を迎えることになった。

タイムがかかり、背番号19をつけた2年生のパルマ・ハーヴィーがマウンドに走った。パルマは伝令としてチームをなごませるムードメーカーだった。

いつもなら監督の指示を伝えるとともに、パルマが思いつきの一言でひと笑いを起こしてリラックスさせるのが通例だった。ところが、このときは様子が違った。いつもはピンチになると硬い表情をしていた先輩たちが、笑っていたのだ。

「みんな僕が行く前から落ち着いていました。本当に勝つ気でしたね。菰野には2回負けていて、このときは『三度目の正直』だったので、みんなピンチでも集中していました。これならいけるなと思いました」

パルマは「同点でもオーケーです！」と東からの指示を伝え、そのままよけいなことは話さずにベンチへと戻ってきた。いいムードを途切れさせたくなかったのだ。

マウンドの山本にとっても正念場だった。前年秋のいなべ総合学園戦、リードを守り切れずに土壇場でサヨナラ打を許した悔しさを忘れたことはなかった。

「もう絶対にあんな負け方はしたくない」

その一念で厳しい練習も乗り越えてきたのだ。たとえ強打者でも、「攻めるべきところを攻めれば大丈夫だ」という思いがあった。

一方、打席に入る田中にも期するものがあった。

「伊藤くんに打たれたホームランは自分の配球ミスでした。変化球なら抑えられたのに、2アウトになって気が抜けたのか、一番ボールが飛ぶ高めに投げてしまった。ここまでバッティングもピッチングもいいところがなくて、ここで打てなきゃなんなんだと思いながら打席に入りました」

初球にインコース高めのストレートを見逃し、ワンストライク。このとき、田中は「絶対にインコースで勝負にくるな」と直感した。あとはそのボールを逃さずに、強くとらえるだけ。ボール球を2球見送り、カウント2－1となった後に、狙い球のインコースがきた。

「しばいたろ！」

田中が強くとらえた打球は、東が「超痛烈な打球やった」と青ざめるほど鋭いライナーだったが、サード・岩田の真正面。辛うじて高校通算30本塁打のスラッガーを打ち取った。菰野ベンチでは監督の戸田が「ほんの少しでもコースがズレればヒットやったのに」とほぞを噛んでいた。

続く岡林はストレートとスライダーの2球で追い込み、1球ボール球を挟んで最後はチェンジアップ。「岡林は緩急に弱い」と読んだ辻の計略だった。岡林も配球を読んでいたが、「配球を考えすぎて引きつけすぎた」と力のないショートフライに。これで2死である。岡林は中学時代から知る山本の変貌ぶりを実感していた。

「中学時代は大舞台で緊張して、思うようなピッチングができなくなる印象がありました。でも高校では気持ちが変わったのか、こんな大事な場面でも自分の力を発揮していて、変わったなと感じました」

これであとアウトひとつ。だが、最後の難関は梅村だった。この白山キラーを抑えるには、どうするべきか。頭を悩ませる東の目に飛び込んできたのは、はるか彼方でフラフラとたたずんでいるレフトの伊藤だった。

「ホームランを打って、頭がポワーッとなっとるなと思いました。ファーストランナーを還さなければ同点なので、伊藤に向かって『下がれ！』と指示を出しました。守備位置をメッチャ下げたんです」

案の定、伊藤は今度はレフトのポジションで「ボーッとしていた」という。センターの市川の「バック！」という声でようやく我に返り、伊藤は言われるがままレフトフェンス手前まで後退する。ずいぶん後ろに守っているな……と思っていると、痛烈な打球音が聞こえた。打球は真っすぐ自分の元へと飛んでくる。

「ドライブ回転がかかっていて、捕りにくい打球でした。ボールを待っている間、なぜかいろんなことを考えていました。『これを落としたらどうしよう』とか、『コンタクト入れてなかったら絶対にこの打球は見えやんな』とか。そうこうしているうちに、気づいたらボールがグラブに入っていました」

14時57分。このレフトフライが、死闘の終わりを告げるプレーになった。

第9章

監督の手を離れるとき

「三度目の正直」の成就

試合後、津球場の一塁側出口は、白山の選手、関係者の歓喜に包まれていた。

先発投手として5イニングを1失点に抑えた岩田は、コーチ陣から「菰野に落ちておいてよかったな」と冗談混じりの祝福を受けた。岩田はそこで、自分が菰野の受験に失敗していたことを思い出した。あれだけ「落としよって、うざいわ……」と疎んでいたことを、試合に集中するなかで忘れていた。

殊勲の一打を放った伊藤は、しばらくベンチ裏に堀と潜んでいた。試合中から何度も「ふわふわしとるな」と地に足が着かない感覚を覚えていた伊藤だったが、原因はどうやら軽い熱中症のようだった。そして伊藤は日陰で休む以外にも、表に出たくない理由があった。

「『絶対にカメラ来るやん……』と思って隠れていたんです。人見知りやし、人と話すのが得意じゃないので取材はうれしくなかったんです。堀に『お前、代わりに行ってこいよ』と言ったんですけど、断られて……」

観念して選手出口を出た伊藤を待っていたのは、案の定、地元テレビ局のカメラだった。伊藤はたどたどしい口ぶりで、取材に応じることにした。

東は入れ代わり立ち代わり関係者に祝福されては、勝利の味に酔いしれていた。

「組み合わせを見てから菰野戦にすべてを懸けてきて、150キロ対策を練ってようやく勝てて……。いやぁ、うれしかったです。勝った後はまるで優勝したみたいな雰囲気になっていましたね」

選手たちも、この夏の大命題だった「三度目の正直」を成し遂げ、達成感に浸っていた。彼らの目標は現実感の湧かない甲子園よりも、まず「菰野」だった。そして大きな壁を越えた彼らは、初めて「甲子園」を意識する。

三重県の高校野球ファンにとっては、三重高、津田学園に続いて、全国屈指の投手陣を誇る菰野まで敗れる大波乱である。１００回大会という節目にどんな結末が待ち受けているのか。誰も予想ができない展開になっていた。

ベスト8に進出したのは、いなべ総合学園、松阪、皇學館、松阪商、四日市、海星、暁、白山。シード校で残ったのはいなべ総合学園だけだった。白山の夏の三重大会ベスト8進出は39年ぶり。準々決勝の相手は暁に決まった。

暁とは春の県大会1回戦で対戦しており、10対1の7回コールドで破っていた。はっきり言って、菰野に比べれば戦いやすい相手である。

「暁には負けんやろう」

東はそう思いつつも、油断は禁物とも考えていた。プロ級の剛速球に目を慣らしてきただけに、暁の投手にタイミングが合わない可能性もある。東は祝勝ムードをそこそこに切り上げると、学校に戻って打撃練習をすることにした。

グラウンドで遅いボールを打ち込み、翌22日の試合当日の朝も白山のグラウンドで打ち込みをした。東としては「やるべきことはやった」という思いがあった。

ところが、白山からバスで移動して松阪球場に到着すると、東は違和感を覚えた。これまでピンと張りつめていた糸が、急に緩んだように感じられた。

「選手たちはニコニコしとって、メディアの方まで『今日は楽勝でしょ!』みたいに言われて。なんか、この空気がメッチャイヤでしたね」

だが、東の不安をよそに白山は幸先よく先制する。2回表、相手のエラーで1点を奪うと、さらに無死満塁から1番・栗山の三塁線を破る走者一掃のタイムリー二塁打で一挙4得点。早くも楽勝ムードが漂い始めた。

だがこの後、東が「地獄でした」と吐き捨てるような展開が待ち受けていた。

問題児センターの苦悩

松阪市に暮らす市川充洋《みつひろ》は暗く、沈んだ形相で帰宅する長男・京太郎を見るたびに、「すごい顔しとんな……」といたたまれなくなった。

息子の試合にはたいてい足を運んでいるため、結果が出ていないことは知っていた。これまでも不調に悩むことはあったが、今回の深刻度は今までにないものだった。

充洋は松阪でサラリーマンとして働きながら、高校3年生の長男の野球、小学6年生の次男のソフトボールを見守るのが生き甲斐になっていた。自身の野球経験は中学までだが、本人いわく「野球馬鹿によるスパルタ教育」を息子に施してきた。時には悪さもし、反抗期もあった京太郎に、充洋は全身全霊で愛情を注いできた。

京太郎が調子を崩したときは自宅でスイングをして、フォームチェックをすればたいていすぐに復調した。我が息子ながらたいした野球センスだと感心もした。だが、この夏のスランプはなかなか脱することができないようだった。充洋もビデオカメラで京太郎を撮影してはフォームチェックに付き合い、アドバイスを送った。京太郎は素直に耳を傾けてくれた。

京太郎は夏の三重大会3試合で10打数1安打という結果に終わっていた。ベスト8進出に沸くチームにあって、ひとりだけ出遅れていた。おまけに、菰野戦では同点のセカンドゴロを放ったかと思えば、ノーバウンド捕球の判定でダブルプレーになる「泣きっ面に蜂」状態。スタンドで観戦していた充洋は、本人以上に憤りを隠さなかった。

「バチコーン！　といい当たりで、一塁塁審は『フェア』のジェスチャーをしてたんやから。本当は1点入っていたのに！」

京太郎が中学時代に松阪商の受験に失敗し、白山への進学が決まったときは「甲子園なんか夢のまた夢」という次元だった。それでも、京太郎が頻繁に自宅に連れてくる伊藤や堀をはじめ、野球部のチームメートと接するうちに「みんな僕の子どもみたいなもん」という愛情が湧いていた。足しげく通っていると、保護者の間にも仲間意識が芽生えた。

そして充洋は、京太郎に「東先生を男にしてほしい」という思いを託していた。

「本当に熱い先生で、僕は大好きなんです。以前に、東先生が京太郎にこう言って叱ってくれたんです。『お父さんがいつも試合に見に来てくれて、ネクスト（バッターズサークル）でのスイングからチェックしてくれて、そんな人おるか？　もっと感謝せえ！』ってね。うれしかったですね」

7月22日の準々決勝・暁戦。充洋はいつものようにスタンドで他の保護者とともに観戦していた。京太郎は1回表の第1打席でいきなりショート強襲の内野安打を打つなど、復調の兆しを見せていた。

ところが、この試合も市川親子にとって厳しい試練が待っていた。

動けないセンター

後ろに逸れた打球を追いかけながら、センターの市川京太郎は「これは夢やろうか？」と信じられない思いでいた。

4対0と白山がリードした3回裏のことだった。暁の1番打者・橋本雄太のセンター前のライナーに対して、市川はノーバウンドで捕球しようと前進した。だが、打球には微妙にドライブ回転がかかっており、市川の想定より落下点が前になりそうだった。「ノーバウンドはムリや」と思ったときにはすでに足を止めることはできず、バウンドした打球は市川の股をすり抜け、センター後方へと転がっていた。

外野手にとっては、自分のミスで逸らした打球を捕りに走るときほど屈辱的な瞬間はない。ボールを拾い、内野まで返球する頃には打者走者の橋本は本塁手前にいた。記録上は「ランニングホームラン」。市川は恥ずかしさで消えてしまいたかった。

「人生の汚点やと思いました。普段なら絶対にやらんのに、人生で初めてこんなプレーをして……。レフトの（伊藤）尚にはメッチャ笑われて、『一生言われなアカンのやろな』と思いました」

1点を失ったとはいえ、まだ4対1。白山にとってはまだ余裕があった。

ところが、3回以降は東が「フライを打ち上げるな」と指示しているにもかかわらず、白山打線はポップフライの嵐でスコアボードには「0」が並んだ。

試合が進むにつれ、栗山は体が重くなっていく感覚を覚えていたという。

「菰野戦の次の日やったし、みんな疲れとりました。僕も全然バットが振れなかったし、みんな体が重そうでした。暁には春にコールド勝ちしているし、正直言って中だるみという感じもありましたね」

5回表には、市川がこの日2安打目となるセンターへのヒットを放ったものの、直後に牽制球で刺されるボーンヘッド。相変わらず波に乗れずにいた。

先発投手の山本は7回まで5安打に抑え、市川のミスで失った1点のみに封じていた。8回裏に1点を返されたものの、試合は4対2のまま9回裏に突入する。

先頭打者の6番・西本竣《しゅん》哉《や》に外角低めいっぱいのスライダーをセンター前に運ばれ、嫌なムードは漂いつつあった。そして続く7番・杉山晴都が泳ぎながら放ったフライは、左中間へと飛んだ。レフトの伊藤は「俺の打球や」と追いかけた。

だが、落下点へとたどり着いたと思った刹那、伊藤は何かと強く衝突する。

「ボールを捕りにいくことに集中していて、音が何も聞こえなくて。気づいたらぶつかっていて、起き上がったら京太郎がうずくまっていました。『こいつ何しとるんやろな』と、心配して京太郎の元に向かおうとしたら、ショートの栗山から『ボール！』という声が聞こえてきました」

ボールはすぐ近くの芝生の上に転がっていた。伊藤はもはや外野の位置まで上がっていた栗山にボールを渡すと、再び市川の元に駆け寄った。市川は右半身を地面に着けて横たわり、苦悶の表情を浮かべていた。試合は無死二、三塁の状況で中断。すぐさま担架が外野まで運び込まれ、市川は搬出される。伊藤は市川が心配でならなかった。

「あいつがいないと勝てやんと思っていたので……。普段の練習試合だと（左中間のフライは）あまり捕りにいかないんですけど、大会ということで僕も気が入っていて、『行かなアカン』と捕りにいってしまって……。申し訳なくて、メッチャ心配でした」

治療のため、試合は中断。いったん白山守備陣はベンチに戻り、給水した後はベンチ前で軽くキャッチボールをした。

中断時間が長引くにつれ、球場全体に市川の安否を気遣う重苦しいムードが漂っていた。スタンドでは市川の両親も見守っていたが、母・真澄は「京太郎が動かないのでビックリして……」とすぐさま治療場所へと急いだ。

だが、中断時間が10分を超えると、場内から一斉に拍手が湧いた。市川がダッグアウト裏からグラブを持って姿を現したのだ。

市川は「激突した瞬間は死んだと思いました」と振り返る。

「すでに熱中症ぎみになっていたなかで、尚のヒザが僕のアバラに入って息ができなくなったんです。息もできやんし、暑くてよけいにえらさ（つらさ）が体にきて、『早く担架来てくれ！』と思っていました」

治療に入ると、アバラが真っ赤に腫れ上がっていた。歩くだけでも痛みが出る状態で、現場に居合わせた医師も両親も「あとはみんなに任せたら？」と勧めた。だが、市川は意地でもグラウンドに戻りたかった。

「もし負けたら、絶対に後悔する。流れが向こう寄りになっとったし、自分で最後までやり遂げたかったんです。それに、いろんな人が心配しとるやろうから」

市川の言う「いろんな人」とは、もちろん伊藤のことも含まれている。優しい性格だけに、市川を負傷させたことで自分を責め、プレーに影響する可能性もあった。

そしてもうひとり。スタンドで心配そうに見守っていた彼女にも、元気な姿を見せて安心させてやりたかった。何しろ白山に入学してから2年間も片思いを続け、やっと付き合ってもらえるようになった自慢の彼女である。

痛みは残っていたが、グラウンドに出るとスタンド中から大きな拍手が沸き起こった。市川が「やべぇな、うれしい」とはにかんでいると、真っ先に伊藤が安堵の笑みを浮かべて近づいてきた。市川は「大丈夫や！」と虚勢を張り、センターへとついた。

ショートを守る栗山は、「間ができるのはイヤやったけど、この拍手で相手の流れを切るチャンスやと思えました」とプラスにとらえた。

とはいえ2点差で、無死二、三塁の大ピンチである。マウンドに集まった選手たちは、東からの「1点は大丈夫やし、最悪同点で止めて延長戦で勝負すればええ。攻めた守りで絶対に後ろ向きになるな」という指示を頭に入れた。

三塁ランナーは捨て、二塁ランナーを還さなければいい。必然的に内野陣は定位置を守った。マウンドの山本がややこわばった表情していると見た辻は、こうささやいた。

「『絶対に大丈夫やから。菰野戦はもっとヤバイ状況を抑えたんやから』……ずっとポジティブなことを言い続けて洗脳していました」

試合が再開され、カウント2ストライクと追い込んだ3球目。ショートの栗山に向かって強いゴロが飛んだ。ところが、ここで意外なことが起きる。

「僕が捕って、『ホームに投げられるかな？』と思って見たら、絶対に還ってくると思った三塁ランナーが動いてなかったんです。ラッキーやと思って、ファーストに投げてアウトにしました。ここで1点取られていたら、流れが変わっていたんじゃないですか？」

緊迫した状況、強い打球。後になればなんとでも言えるが、瞬時の判断が勝敗を分けるのが野球である。続く打者もショートゴロに倒れたが、今回は三塁ランナーがスタートしており暁は1点を返した。もし1本目のショートゴロで三塁走者が還っていれば、2本目のショートゴロで同点になっていたという見方もできる。

そして最後の打者、ランニングホームランを記録していた橋本が打った打球もショートゴロだった。チーム内で断トツのエラー数を記録している栗山は「一番飛んでくるなと思っていたのは僕やと思います」と冗談めかしつつも、このときは集中していた。三遊間寄りの位置から強肩を生かして好送球。ファーストの有森のミットに収まった瞬間、白山の創部初の三重大会ベスト4進出が決まった。

選手が監督を超えなければ勝てない

試合後、市川はすぐに救急車で病院へと運ばれた。中1日で迎える準決勝は出場できるのか、不透明な状況だった。

苦しい試合をものにした東は、「指示も徹底できやんくて、ある意味では菰野戦よりきつかったわ」と頭をかきながら、準決勝に向けて頭を切り替えていた。

準決勝の相手は海星だった。夏の甲子園は１９９８年以来遠ざかっているものの、春２回、夏11回の甲子園出場を誇る三重を代表する名門である。同校ＯＢで立命館大、西濃運輸とアマチュア野球のエリート街道を歩んだ森下晃理《あきまさ》に率いられ、20年ぶりの甲子園出場を狙っていた。エースで４番打者の大須賀《おおすか》健祐《けんすけ》は三重大会で14打数12安打、打率・８５７という恐ろしいまでの打撃成績。大須賀につられるように、近年まれにみる強打線が猛威を振るい準決勝まで圧勝続きだった。

白山が中勢地区でまったく勝てていない天敵・津商にも、海星は３回戦で対戦して７対１で快勝している。さらに準々決勝は、津田学園に勝って勢いに乗る四日市を12対２の５回コールドで破っていた。

東は選手起用以前に、自分の采配スタンスをどうすべきか考えていた。それは上野時代や自身の現役時代の苦い体験が思い出されたからだ。

「２０１０年に上野で準決勝に行ったときも、実力的にはたいしたことのないチームで甲子園に行けるとは思ってなかったんです。でも、自分がガンガンいきすぎて、選手と噛み合わなかったような感じがしたんです。僕の現役時代も、ベスト８やベスト４まではいくんやけど、そこから先では常に負けていました」

東の頭に、ひとつの仮説が浮かんできた。それは「選手が監督を超えなければ、勝てやんのと違うか？」というものだった。

「白山のこいつらは、試合に対して怖がることなく相手と勝負できるようになっていました。それは自分にはなかった感覚。上野のときは、『俺がサインで何とかしたろう！』というイケイケの姿勢が、結果的に生徒たちにフタをしてしまったのかもしれません。これから戦うチームはどこも格上。生徒の様子をしっかりと見ながら、彼らの乗っている雰囲気を崩さんようにやったほうが勝てるはず。そう腹を決めました」

暁戦の翌日、空き日となった23日は軽い調整をこなした後は、選手を近所の温泉施設・美杉ビレッジに連れていき休養にあてた。

そして7月24日、白山野球部は四日市市営霞ヶ浦第一野球場での準決勝に臨んだ。

8割5分7厘のバケモン

準決勝第1試合に、またもや異変が起きていた。第1シードのいなべ総合学園が、松阪商に敗れたのだ。しかも8回までに7点差をつけられるコールド負けだった。

初戦で三重高を破った松阪商は乗りに乗っていた。2回戦以降はすべてコールド勝ち。松阪商にとっては59年ぶり、そして64歳の県内最年長監督である冨山にとって初めての甲子園は、目の前まで迫っていた。

12時51分、白山と海星の準決勝は白山の先攻で開始された。この日の最高気温は37度。当たり前のように猛暑日が続いていた。

両チームとも初回からチャンスをつかんだ。白山は相手のエラーを足がかりに1死一、三塁のチャンスを迎えたが、4番の辻がスライダーを打たされショートゴロ併殺に終わった。だが、東に焦りはなかった。

「海星の先発が左の大須賀やったのは、ウチとしてはよかったです。右の2年生の川瀬（翔理《しょうり》）が津商を完璧に抑えた試合を見せつけられていたので、川瀬やったらイヤやなと思っていたんです」

白山の先発投手は岩田だった。東は「準決勝以降は岩田でいく」と決めていた。岩田にとっては菰野に続き、海星も自分を不合格にした学校である。ところが、岩田は菰野戦同様にそのことを忘れており、不安だけを抱えてマウンドに上がっていた。

「大須賀なんかバケモンじゃないですか……。それと海星は応援がとにかくヤバくて、飲み込まれるような気持ち悪さがありました」

海星のベンチに入れなかった部員たちは、ひとりひとりが野太い声援を送り、ハイレベルな吹奏楽部の演奏と相まって独特の一体感を醸成していた。岩田は立ち上がりからこの雰囲気にのまれ、いきなり四球、安打で無死一、二塁のピンチを迎えた。

3番の水野大輝はあわよくば自分も生きようというセーフティーぎみの送りバントを試みるが、捕手の辻への小フライになり1アウト。運よくアウトをひとつ取ったが、打席に迎えるのは真打・大須賀である。

左打席に立つ、身長181センチ、体重83キロの大須賀を見て、岩田は「でっか!」と圧倒されていた。どこに投げても打たれそうな雰囲気が漂っていた。ただおびえている岩田とは対照的に、捕手の辻は開き直っていた。

「大須賀くんが打席で構えただけで、いいバッターだとわかりました。キャッチャーから見ると、懐が深く見える。シングルヒット2~3本ならオーケーと思っていました。この試合自体、負けてもおかしくない相手ですし、『当たって砕けろ』の精神で、楽しもうと思っていました」

そんな辻の強気の姿勢が吉と出たのか、大須賀は岩田の投じた初球のスライダーを叩いたものの、打球はセカンド・梶川の守備範囲に。強烈な当たりを梶川が抑えて4→6→3と渡り、ダブルプレー。海星もまた、併殺で初回のチャンスを潰したのだった。

このシーンを見て、苦虫を噛み潰していたのは海星監督の森下だった。

「初回の守りでダブルプレーを取った後、流れがウチにぐっときているなかでのチャンスでしたから……」

森下は社会人出身の監督らしく、トーナメント戦での試合の流れを重視している。結果論だが、3番の水野が送りバントを確実に決めて、1死二、三塁で大須賀に回していればダブルプレーはなかった。水野は本来、バントのうまい選手だけに悔いが残った。

森下はこの試合に限らず、基本的に「5点勝負」を軸に考える監督だ。攻撃陣は5点以上を奪い、投手陣は3点以内に抑える。5点以上を奪うには、相手の守備が不安定な立ち上がりがもっとも得点のチャンス。だから森下は初回の攻防を大切にしていた。

お互いに初回のチャンスを併殺で潰し、試合の流れは混沌としていた。

下位打線がもたらす力

ピンチを脱してベンチに戻ってくる選手たちを、東は頼もしそうに見つめていた。

「いきなり無死一、二塁になってあたふたするところ、場数をこなしているから慌てなかったですね。ベンチで『もうしゃあない』と見とったら、思わぬ力を発揮して0点に抑えて帰ってきた。この力が自分にはなかったと感心していました」

海星の先発左腕・大須賀は最速138キロを計測するが、投球スタイルはスリークォーターの角度からスライダーとフォークを使って打たせて取るタイプだ。海星監督の森下と同様に、東もこの試合は「5点勝負」と見ていた。

序盤3イニングはお互いにチャンスを作りながらも無得点。試合は中盤の4回表に動いた。白山は先頭の4番・辻がレフト前ヒットで出塁すると、続く5番・伊藤の一、二塁間をゴロで抜くヒットで辻が長駆三塁を狙う。足が速くない辻にしては暴走ぎみの走塁だったが、ライトからの送球が逸れてセーフに。さらに送球間に伊藤も二塁に進む好走塁で、無死二、三塁とチャンスを広げた。

ここで打席に入ったのは2年生の駒田である。だが、駒田は大須賀のボールに詰まらされてサード前へのボテボテのゴロを打つ。海星の三塁手はこの日、2年生の近處翔斗《きんじょしょうと》が入っていた。森下が「守備を固めるために入れた選手」と語るように守備力の高さが光る好選手だ。準々決勝では2打数2安打1本塁打5打点と打撃面でも貢献、ラッキーボーイになっていた。ところが、近處はゴロを捕球して本塁に送球しようとグラブから右手に握り替える際、ボールをポロッとこぼしてしまう。暁戦に続き、白山は相手のミスで先制点を得たのだった。

なおも無死一、三塁で打席に入ったのは、7番の梶川。岩田が投手として先発する際、二塁手の石田が三塁手に回るため、梶川が二塁手としてスタメン出場していた。故障が多く、石田にレギュラーを奪われたものの、1年夏からスタメンで出場しているように能力は高い。ここで梶川は初球にドラッグバントを試みる。

「もともとバントは得意なほうなんですけど、スクイズのサインが出て、サードとファーストのどちらか前に出てこない方向に転がそうと決めました。バントの構えをしたとき、視界の端っこでファーストが出てこないのがわかったので、引っかけるようにファースト方向に転がしました」

やや強く転がりすぎた感はあったものの、三塁走者の伊藤も好スタートを切っており、ホームベース上で捕手のタッチをかいくぐってセーフ。小技で追加点を奪った。さらに8番・石田の四球などで1死満塁とつなぎ、1番・栗山がセンターへ犠牲フライを打ち上げる。これで白山は3点のリードを奪った。

白山の攻撃は栗山、市川、辻、伊藤の4人が核になっているものの、スクイズを決めた梶川ら脇役たちの活躍も見逃せない。それは東が求め続けてきたことだった。

「僕は、打線は2番、6番、7番、8番をどうするかがカギやと思っているんです。ここでうまいことつながっていくかどうか。公立校で6~8番に力のある選手がいると『なんや、このチーム?』と思ってもらえる。だから本当なら、伊藤あたりは6番で使いたかったんです。その合間を埋める梶川や石田といった選手には、自分たちができることを磨くよう伝え続けてきました。以前は初球にポーンとフライを打ち上げることがよくあって、『相手をラクにしてるだけや』と叱っていました。今ではボール球を打たなくなって、小技もできるのでだいぶ仕事ができるようになりましたね」

力強い援護を得た岩田は、快調に海星打線を打ち取っていった。4回に迎えた大須賀の2打席目は、チェンジアップを引っかけさせてセカンドゴロ。5回まで打者17人に被安打2、失点0。球数は55球と完璧に近い内容だった。

海星監督の森下は「ウチが淡白にいってしまったのもあるけど、低めに集められて、思っていた以上にいいピッチャーでした」と岩田を評した。菰野を5回1失点に抑えたように、岩田特有の好球質が海星の強打線にも通用した。

岩田は自分の球質がいいと言われることに、ピンとこないという。

「よく言われるんですけど、見たことないからわからないんですよ。だから自分で自分のボールを見てみたいんですよね」

好調右腕を挫く悪球打ち

だが、いくら岩田が快調に投げていようとも、ここまで三重大会4試合で42得点を奪っている海星打線も黙ってはいない。

6回裏には2死走者なしから2番の森下翔都《しょうと》がセンター前ヒットで出塁すると、3番の水野は四球を選んで一、二塁。主砲の大須賀につなぐと、大須賀は期待に応えてライト前にタイムリーヒットを放った。監督の森下は「次の1点を取れれば流れがくると思っていたので、2死から1点取れたのは大きかった」と手応えを得た。

2点差に迫った7回表、海星ベンチが動いた。6回3失点と粘投した大須賀を一塁手に回し、マウンドに2番手の川瀬を送ったのだ。川瀬は2年生ながら140キロ前後の速球を武器にする本格派右腕。3回戦の津商戦では4安打1失点の好投で9回を完投している。東が大須賀以上に脅威に感じていた投手だった。

海星監督の森下には「点差を縮めた『ここぞ』というところで川瀬を投入して、一気に流れを持っていきたい」という狙いがあった。

そして川瀬は先頭打者の有森を138キロのストレートで三振に抑える。川瀬本人が「夏の大会で一番調子がよかった」と感じるほど、状態はよかった。森下の期待に応える滑り出しになったが、続く4番・辻にはスライダーをレフト前に運ばれ、1死一塁に。そして迎えるは5番・伊藤。カウント1ストライクから川瀬がヒザ元にボール球になるスライダーを投じると、伊藤は地面スレスレの位置できれいに拾い上げ、センター後方へと運んだ。伊藤自身は「体の反応で打てた」と事もなげに言うが、並の打者ではそもそも振ろうという発想にならないほどの悪球打ちだった。

強風にも乗り、打球はセンターの頭を越えていく。川瀬の立ち上がりを挫く伊藤のタイムリー三塁打で、白山はすぐさま3点差に突き放した。さらに続く6番・駒田も初球をとらえ、レフトへ犠牲フライ。点差は4点まで広がった。

海星監督の森下は「ウチがやりたい野球を先にやられてしまった」と唇を噛む。

「野球の試合には3～4回は絶対にピンチがくる。そこで失点を最小限の1点に食い止めておけば、トータル3点に収まります。逆にチャンスも3～4回くるので、そこで2～3点取れる攻撃をしていく。そうすれば『5得点以上、3失点以内』のウチの野球ができる。でも、それを白山に先にやられてしまいました」

8回には2死走者なしから1番・栗山が右中間へ二塁打を放つと、2番・市川が川瀬の134キロのストレートをとらえてライト前ヒット。二塁から栗山が生還し、この試合最大の5点差に広がった。準々決勝で負傷した痛みは残っていたものの、市川はこの日も2安打をマークして復調ぶりを見せつけた。そして、一塁ベース上で「やっとこのパターンが出せた」と安堵していた。

「栗山が出塁して二塁まで進んで、僕のヒット一本で還ってくるのは1年生の頃から何度もあった白山の得点パターンなんです。このパターンが出ればほとんど勝っていたので、やっとこれが出せてホッとしました」

ベンチで見守った東も、市川の活躍に「やっと蘇ってきたな」と息をついた。

「あいつは誰も打てないピッチャーから2〜3安打打ったり、みんないいときに乗り切れなかったり。そんな宇宙人的なところがあるんですよ」

8回表を終わって6対1。白山の勝利は着実に近づいていた。

運命のバックサード

後がなくなった海星に魂を吹き込んだのは、2番の森下だった。海星監督の森下の姉の息子で、甥にあたる。監督の森下も「とにかく真面目」と評価する。8回裏の先頭打者として登場すると、ファースト左へのゴロを打ち、一塁にヘッドスライディング。気迫を前面に出した、この日3本目のヒットでチャンスメークする。

さらに3番・水野がインコースの難しいボール球に、バットを体に巻きつかせるようにスイングし、ライト前へと運ぶ超人技を見せる。この打球で森下は三塁まで進み、無死一、三塁。ここで大須賀の4打席目を迎えた。

マウンド上の岩田は試合後半から「とにかく暑くて疲れがヤバイ」と感じていた。今大会、菰野戦の5イニングしか投げていないと言っても、投げていないときは三塁手としてフル出場しているのだ。疲れないはずがなかった。

だが、岩田が気力を振り絞ったボールを大須賀はとらえ切れない。叩きつけるように引っ張った打球は有森の正面に飛び、ファーストゴロに。この間に三塁走者の森下が生還。この試合前までに打率8割超のスラッガーを抑え、山は越えたように思われた。

ところが、レフトフライを挟んで、6番に入っていた川瀬には113キロのスライダーをとらえられ、センターオーバーのタイムリー二塁打にされた。後続は何とか抑えたものの、岩田の限界が近づいているのは明らかだった。

これで6対3。ベンチの束は「できれば岩田ひとりで投げ切ってほしい」と願っていた。山本を信用していないわけではないが、長打を浴びて大量失点する可能性がある。山本につなぐより、岩田が残り3つのアウトを取るほうが安全に思えた。

猛烈な追い上げを見せる海星は、最終回の9回裏にも牙をむく。先頭の8番・水本大耀《たいよう》が三塁線を破る二塁打で出塁すると、9番・三輪真弘の二塁ゴロで1死三塁に。そして2年生ながらシュアな好打者である1番・中西風芽《ふうが》がセカンド左へのタイムリー内野安打を放って6対4とする。続く森下は初球を打って、レフトへのいい角度の打球を放つが伊藤が後退して抑えて2アウト。

あとひとりまで漕ぎつけた岩田だが、3番の水野にはセンター前ヒットを浴びて2死一、二塁とされてしまう。そして打席に迎えるのは、大須賀だった。

海星の大応援団はもはやお祭り騒ぎだった。捕手の辻は、その脅威を感じていた。

「とにかく迫力がすごかったです。男子のブラバンと野球部の大声で、一塁側スタンド全体が一丸になって『絶対に勝つ』というプレッシャーをかけてくる感じでした」

海星監督の森下は、スタンドの応援もチームの立派な武器だと胸を張る。

「ウチは『全員戦力』を掲げてやってきています。グラウンドで戦う選手もスタンドの選手も、みんな『勝ちたい』という強い思いを持ってやっていますから」

もはや限界を過ぎていたマウンド上の岩田は、もうろうとする意識のなかで自分が交代を告げられたことを知った。

「もう9回は握力が残っていなくて、途中からアウトカウントもわからないくらいに疲れていました。大須賀にはホームランを打たれる気がして『ヤバイな』と思っていたので、交代と言われてメッチャホッとしました。でも、ベンチに戻って休憩していたら、サード用のグラブを渡されて『えらっ（疲れた）！』って叫んでいました」

岩田が三塁手、石田が二塁手、そして梶川の打順に投手の山本が入った。山本は東から「ピンチでいくぞ」と言われていたとはいえ、この絶体絶命のピンチでの登板に、さすがに動揺を隠せずにいた。それでも、菰野戦や暁戦で修羅場をくぐってきただけに、「出たからには抑えてやろう」と心に決めていた。

そして東はここでパルマを伝令に送り、ひとつの指示を出す。

「二塁ランナーは還してもいいから、一塁ランナーのケアをしっかりすること。外野はロング（長打）を警戒しろ」

打つべき手は打った。あとは選手を信じるのみ……。東はベンチで祈るような心境で見つめていた。

山本が投じた初球の128キロのストレートを、大須賀は鋭くスイング。バックネット裏へのファウルになった。この1球を見たセンターの市川は、「山本はあまり調子がよくなさそうやな」と感じていた。

それと同時に、市川には「飛んできそうやな」という予感もあった。汗ばむ手のひらをユニホームの腿部分でぬぐい、いつでも送球できるように準備した。

すると次の1球。山本の128キロのシュートぎみのストレートを大須賀がとらえると、ゴロでセンターへと抜けるヒットになった。二塁ランナーは勢いよく三塁ベースを回る。センターの市川は前進してゴロを抑え、すぐさまスローイングのモーションに入った。

追い込まれた精神状態の選手であれば、バックホームしてもおかしくない状況だった。だが、市川の脳裏には「この場面では一塁ランナーをケア」という原則が頭にこびりついていた。そして送球動作に入った瞬間、水野の代走に入っていた一塁ランナーの齋木篤が二塁ベースを回ったのが見えた。

「ここで放らんだら行かれると思いました。『行ったれ！』と思い切りサードに放りました」

一方その頃、三塁側ベンチの東は慌てふためいていた。市川が三塁に向かって投げようとする体勢を見た瞬間、両手を挙げて「投げんな～！」と叫んだのだ。東には、市川が練習試合で張り切りすぎるあまり、よく大暴投していたシーンが頭によぎった。

当然、遠く離れた市川に声が届くはずもなく、市川は思い切りよく右腕を振る。センターからのバックサードはぐんぐん伸びて、サードの岩田のグラブにストライクで収まる。ちょうどその下に、ランナーの足が伸びてきた。

「アウトォ～！」

三塁塁審のコールが場内に響き渡った瞬間、球場全体が「もう終わり？」と拍子抜けした雰囲気に包まれた。

大黒柱の涙

「もう1回やれと言われても無理と思うくらい、すべてがうまくいきました」

チームを救う好送球を見せた市川は、いたずらっ子のように笑った。その一方で、この緊迫した場面で冷静に準備し、考えることもできていた。

「バックホームは絶対に無理やろうなと思いましたし、練習試合でもこういう場面は慣れていたので。実戦経験が生きて、冷静に判断できたと思います」

市川の渾身のバックサードで試合が終わり、放心状態だったのは捕手の辻だった。

「もし、2アウト一、三塁になってあのままピンチが続いていたら……。もう海星の押せ押せムードでしたし、考えたくもないですね……」

ウイニングボールを抑えた三塁手の岩田は、「6対5」というスコアボードを見て、「いつの間にこんなに点を取られとったんやろ……」と驚いていた。試合が終わるまで、スコアを見る余裕すらないほど疲れ切っていた。

試合終了後の整列に並ぶ白山の選手たちは、次々に市川を褒め称えた。とくに投手の山本は「ありがとう!」と感謝を伝えた。もしピンチが続いていれば、海星の怒涛の猛攻をしのぎ切る自信がなかった。

一塁ベースを回ったところで両手を地面に着き、信じられないという表情を見せていたのは大須賀だった。立ち上がった後も、土で顔が汚れるのもお構いなしに左手で顔を覆う。エース、4番、主将という文字通りの大黒柱は、人目もはばからずに号泣した。整列し、試合後の両軍の挨拶を交わした後も、大須賀は涙をこらえきれなかった。白山の校歌が流れようとしているのに、ベンチまで自力でたどり着けない。その様子を見た監督の森下は、大須賀の手を引くようにして一塁ベンチ前へといざなった。

「大須賀には、他の子にはない力がありました。でも、どこか『お山の大将』というところがあって、チームのことより自分のことを黙々とこなすタイプだったんです。そこでチームのことを考えてほしいとキャプテンにしたのですが、かなり負担になっていたと思います。でも、夏の大会直前の練習試合でサヨナラ負けして、大須賀が涙を流したんです。『勝ってチームに勢いをつけたかったのにすみません』と言って。最後の夏に、ようやくキャプテンらしくなってきたな……と思いました。自分のことよりも『甲子園に行きたい』という思いが出ていた。だから最後はエースとしてでも4番としてでもなく、キャプテンとして負けてしまった涙だったのかなと思います」

大須賀健祐という存在感抜群の大物を擁し、スタンドと一体となって戦った海星は、強烈な印象を残したまま夏の戦いに幕を下ろした。

激戦を制した白山は、いよいよ翌25日の決勝戦に駒を進めることになった。

第10章 日本一の下剋上

「自分の限界」を超えた選手たち

海星との試合後、主将としてテレビ局のインタビューに答えていた辻は、アナウンサーから「明日に向けて、意気込みをお願いします」と問われた。辻は少し考えてから、力強くこう宣言した。

「明日は、日本一の下剋上をします！」

それ以来、白山野球部には「日本一の下剋上」というフレーズが絶えずついて回ることになる。辻自身、特別なこだわりを持って発言したわけではなかった。

「大会前は、何としても菰野に勝つ、『三度目の正直』という思いが強かったんです。ただ、この3年間、口には出さなかったけど『下剋上』というフレーズは僕たちに当てはまるなとは思っていました。そのうっすらした思いが『日本一の下剋上』という発言になったのかなと思います」

一方その頃、報道陣に囲まれていた東は、輪の外に意外な人物を見つけて取材を中断させてもらった。松阪商の冨山がユニホーム姿で立っていたのだ。冨山は東に右手を差し出し、こう言った。

「明日は頼むよ。決勝戦にふさわしい試合をしよう！」

松阪商と白山はお互いに県内でもっとも縁が深いチームだった。大会開幕4日前のゲームを含め、頻繁に練習試合を組むだけでなく、冬場には合同練習もしている。お互いに手の内を知り尽くしていた。

ノーシード同士の決勝戦。冨山は白山との顔合わせをまったくイメージしていなかった。

「もう決勝戦という認識ではないよね。ウチは三重、いなべとシード校を2つ破って、決勝戦はおまけみたいなもの。ただ、私も60を過ぎてから白山町に住んどるし、東くんとは10年来の付き合いやしね。彼の苦労が並大抵ではないこともわかってる。もちろん当たるとは思ってなかったけど、縁のある人間とやれるのはうれしいですね」

東としても松阪商との対戦はまったくの想定外だった。だが、予感めいたものは感じていた。

「夏の大会が始まって、冨山先生からメッチャ電話が来てたんですけど、準々決勝くらいからピタッと止まったんですよ。冨山先生も何か感じるものがあったんかなぁと思っていました」

第1シード校のいなべ総合学園を力で粉砕した松阪商に脅威を覚える一方で、東は選手たちの成長を実感していた。

「人間って誰しも、『自分の限界』という壁を勝手に作って、『俺はこれ以上は行けやん』と思い込んでいると思うんです。でも、こいつらは菰野に勝ってから『自分の限界』をスパーンと超えていきましたから。負けることを怖がらないんです。今まで練習試合で監督に怒られ続けて、監督の顔色をうかがってプレーしていたヤツらが、最後は監督を超えて自分らの意思でやっとった。本当に成長したと思いますよ」

決勝戦を翌日に控えた東に、1通のメールが届いた。差出人は東の最大の理解者であり、恩人でもある奥村だった。奥村は2018年度に異動となり、野洲を離れて八日市高校へと赴任していた。

「絶対に引いたらアカン。強気で勝ち切らなアカンで!」

このメッセージには、奥村自身の悔恨も込められていた。2012年夏、滋賀大会決勝戦に進出した野洲は、北大津に3対4のサヨナラで敗れ甲子園を逃していた。

「ホントにあと一歩やったんです。北大津もかなり焦っていたのに、監督の自分がふわふわと舞い上がってしまった。甲子園のチャンスはそうあることではありません。やっぱりあのときに行っておくべきやった……と思うことがあるんです」

同じような境遇からはい上がった東には、何としても栄冠をつかんでもらいたい。それが同志である奥村の願いだった。

決勝戦は7月25日、四日市市営霞ヶ浦第一野球場で開催された。この日の最高気温は34度。それまで3日連続で続いていた猛暑日は途切れたとはいえ、やはり暑いことには変わりなかった。

2016年度に卒業した野球部OBの青木真朔は、決勝戦の試合前に選手たちの元へ陣中見舞いに訪れていた。そこで真朔は、決勝戦を控えながらも自然体で過ごす後輩たちに驚かされる。

「いつも通りな感じでした。『ここまで来たら、なんも考えずにやりますわ～』と言っていて。こいつら緊張してないんやな……とビックリしました」

真朔の2歳上の兄・隆真も球場を訪れていた。それまで三重大会を全試合観戦していた隆真は、日を追うごとに増えていくスタンドの観衆に圧倒されていた。

「僕らの頃は、父兄がパラパラといるくらいやったのが、今は部員の数もこんなに多いんかと信じられなかったし、父兄や応援に来る人の数も比べものにならない。さすが東先生やなと思っていました」

シートノックを終え、グラウンド整備が終わり、両軍の選手たちがベンチ前に並んだ。12時30分の試合開始時間は刻一刻と迫っていた。

試合開始直前の悲劇

試合前の整列の時点で、冨山は異変に気づいた。ホーム方向へ向かう松阪商主将の大野凌児《りょうじ》の足取りがぎこちない。明らかにひとりだけ出遅れ、ひょこひょこと歩いている。礼を済ませた後、大野はセカンドのポジションに歩いて向かったが、途中で動けなくなった。

大野は初戦の三重高戦で負傷していた。守備中にライナーを捕球した際、右手を地面に着いて中指を骨折し、さらにセーフティーバントを試みた際に今度は腰を痛めた。試合後半で途中交代し、そのまま準々決勝まで欠場して回復に努めたのだった。冨山は力なく言う。

「準決勝のいなべ戦ではタイムリーを打ったり、それなりに活躍してくれたんやけど、もうそこで力を使い果たしとったんやろうね……」

まだ試合は始まっていないというのに、二塁手がチームメートに背負われてベンチへと下がる異様な光景。スタンドはざわめきに包まれた。

冨山の落胆は大きかった。大野はただの選手ではない。主将としての存在感、1番・二塁手としての働きぶりと、どれをとっても一流だった。そして何より、試合開始直前に大野がグラウンドから去ることでチーム内に広がる動揺が痛かった。

白山ベンチでは、大野と松阪梅村シニアでチームメートだった山本が心配そうに見つめていた。

「大野は中学の頃から守備はうまいし、バッティングもミート力があるし、走塁もピッチャーを誘うのがうまくて、頼れる選手でした。松商に進んだ後も練習試合で対戦して、何もかも上達していて驚きました。大野がベンチに下がって悲しい思いもありましたけど、チームとしては甲子園が目の前やったので……。大野が試合に出ていれば、間違いなく白山にとって不利になっていたと思います」

東も大野の野球センスの高さにはこれまで何度も脱帽してきた。東は練習試合でのこんなシーンを覚えているという。

「ワンアウト二塁のチャンスで、セカンド上のライナーが飛んだんです。ジャンプしても捕れない高さでした。そこで大野はランナーの動きを見てから、グラブを手で叩いて『バン！』と音をさせてからランナーにタッチするそぶりをしたんです。それでウチのランナーのスタートが遅れて、結局ホームでタッチアウト。『こいつはセンスの塊やな！』と思いましたね」

この日、先発投手として起用されていた岩田は、ベンチでアンダーシャツを着替えているときに大野の交代を告げる場内アナウンスを耳にした。岩田は大野の交代を気の毒に思うよりも先に、露骨に喜んでいた。

「大野は一番嫌いなバッターやったんです。ミートがメッチャうまくて、先頭バッターで出塁するイメージしかない。練習試合はほぼ打たれてましたから。正直言ってうれしかったですね」

二塁手には大野に替わり、背番号5をつけた西村幸大が急遽準備してポジションに就いた。試合は12時32分、予定より2分遅れて開始された。

松阪商の先発投手は背番号1をつけた大型右腕の藤崎智也だった。ストレートの球速は120キロ台がほとんどだが、コンパクトな腕の振りから縦横2種類のスライダーに、フォーク、チェンジアップと変化球も織り交ぜる投球が武器。三重大会通算17イニングを投げて2失点と安定感は抜群だった。

しかし、東は「渡辺（敢太）じゃなくてよかった」と胸をなでおろしていた。

「渡辺はスイスイ投げてリズムをつくる左ピッチャーなんです。大会4日前の練習試合でも抑えられていて、もし決勝も渡辺が投げたら1点くらいに抑えられるんじゃないかと思っていました」

渡辺は初戦の三重高戦で9回2失点と完投しており、コールドで勝利した準決勝のいなべ総合学園戦も8回1失点で完投していた。背番号3をつけてはいるが、事実上のエース格。だが、大会開幕直前にも実戦勘を磨くために練習試合で登板しており、すでに疲労は限界に近かった。

冨山は「1回戦の三重高戦がすべて」と腹をくくって初戦にピークを持っていく調整をしてきただけに、「ウチの選手たちはかなり疲れているな……」と感じていた。

試合は開始直後から動いた。1番の栗山がレフトライナーに倒れた後、2番の市川が四球を選んで出塁する。そして3番の有森が1ボールから放った打球は、ゴロとなってショート正面へと飛んだ。おあつらえ向きのダブルプレーコースだ。

打った有森は「やっちゃった」とうろたえ、一塁走者の市川は「何しとるん、こいつ！」と内心毒づく。だが市川の視線の先、二塁ベース方向で意外なことが起きた。ショートの堀江健斗の送球が抜け、ベースカバーに入った西村が捕れないような悪送球になったのだ。

市川は「堀江もうまい選手なんで、（大野）凌児がいなくていつもと違う感じなんかな……」と思いながら二塁を回って三塁に向かうと、三塁コーチャーの刀根が腕を大きく回していた。ライトが悪送球のバックアップに入るのが遅れていたのだ。市川は余裕を持ってホームインし、白山が労せず1点を先制した。

市川にとっては、松阪商は中学時代に受験に失敗したチームである。勝ちたいという思いは誰よりも強かった。

「1年のときの練習試合ではボコボコにやられて、差がありすぎて『もう一生勝たれへんのやろな』と思っていたのが、年を追うごとに力が近づいて自信になっていました。松商には仲のいい選手が多くて、大会前には渡辺とご飯に行って『絶対に決勝で当たろうな!』と言ってたんです。そんなチームと決勝で対戦できてうれしかったですね。もし自分が松商に受かっていたとしても、どこにおったんかはわかりませんけどね」

さらに無死三塁から、4番・辻の打球はセカンド正面のゴロ。だが、三塁ランナーの有森が好スタートを切っており、代役二塁手の西村はホームに投げられない。白山はいきなりノーヒットで2点の先制に成功した。辻は大野不在の影響の大きさを感じていた。

「大野がいなくなって、松商の応援スタンドもベンチも雰囲気が暗くなったので、それだけ精神的支柱なんやなと感じました」

一塁側ベンチでため息をついていたのは冨山だった。

「試合前からウチが勝つと思っていた人がほとんどやろうね。でも、ウチの選手たちは三重、いなべと壁を越えて、決勝戦は相手が白山ということで受けて立ってしまった。大野のケガも痛かったけど、そんな子どもたちの心理が働いたのはもっと痛かったね」

松阪商打線の反撃

電光掲示板に並ぶ松阪商のスターティングメンバーを見て、東はため息をついていた。

「1番から9番まで打てるヤツがそろっていて、『こんな戦力で打線を組めたら楽しいやろな……』と思いましたよ。ウチに来てほしいと誘った選手もいたし、声をかける以前に来てくれないやろうとあきらめた選手もいて。ベンチに座っとるヤツも含めて、うらやましいと思っていました」

松阪商は三重高を粉砕し、その後4試合連続コールドで勝ち上がっている。そんな強打線を相手に、この日も先発投手として起用されたのは岩田だった。岩田は「連投をしたことがなかったので、先発は自分やないと思っていた」と戸惑っていた。

立ち上がりからボールが高めに浮き、本調子ではなかった。先頭の西村にヒットを許すなど、シングルヒット3本を浴びて2死満塁。6番の強打者・古儀優斗が甘いボールを打ち損じて、辛うじて初回のピンチを脱した。

「体は重いし、ヒジは痛いし……。近藤さんにマッサージしてもらってなかったら、無理やったですね」

岩田の体をケアしていたのは、トレーナーの近藤裕樹だった。28歳の近藤は、東や諸木と同じ久居高校のOB。東が講師をしていた時代の教え子という縁もあり、週に1回白山を訪れてはマッサージをしたり、トレーニングメニューの助言をしていた。近藤は岩田の体をマッサージするなかで、ある特徴に気づいたという。

「関節が柔らかくて、ダメージが溜まりにくい体やなぁと感じました。3年の春にヒジを痛めてしまいましたけど、夏に間に合ったのはそういう体質だからだと思います」

2回以降も松阪商の猛攻は続き、毎回得点圏にランナーが進む厳しい展開は続いた。そして3回裏、高校通算32本塁打の4番・藤崎の左中間二塁打などで1死満塁のピンチを迎えると、再び打席には6番の古儀が入った。

古儀は2年生ながら、今大会のラッキーボーイだった。準決勝までの成績は15打数8安打、打率・533、1本塁打9打点。上背はないものの、分厚い下半身が特徴的な左の強打者である。3回戦から準決勝までは8番を打っていたが、この決勝戦は6番に昇格していた。

この場面で白山サイドに幸運が起きた。岩田が投じた古儀への初球、捕手の辻が外角低めの地面に近い位置で捕球したボールが「ストライク」と判定されたのだ。さらに続く2球目も同じ位置に決まり、球審のストライクコールが続く。打者からしてみれば、ここまで低い位置をストライクと判定されれば、当然対処するゾーンを広げざるをえない。古儀は続くボール球のチェンジアップに対応できず、空振り三振に終わった。

さらに2死満塁で7番の下田康太朗を迎えると、ここで辻のリードが冴えわたる。

「下田は練習試合のときから岩田のスライダーに全然合っていなかったんです。この場面でもスライダーで勝負しようと思っていたんですが、どうも待っている雰囲気が違うなと感じたんです」

そこで、辻は高めのストレートを要求。岩田が投じた134キロのストレートを下田が空振り三振し、ピンチを脱出した。辻はこの三振で、「裏をかくことができて、キャッチャーとしてもう一段上に行けた」という実感が湧いたという。

岩田は4回まで被安打7と打ち込まれながら、粘りの投球でなんとか無失点と踏ん張った。そんな岩田に打線が応えたのは5回表だった。

小市民3番打者の大仕事

5回表、白山は大きなチャンスをつかんでいた。先頭の8番・石田がヒットで出塁すると、岩田が犠打で送り、1番・栗山のヒット、2番・市川の四球で1死満塁のチャンスを迎えた。打席に入ったのは3番の有森である。

有森は準決勝から3番に入っていた。2年秋は控え選手だっただけに、自分が3番を打つことは「想像もできなかった」という。

有森は藤崎のストレートに狙いを定めていた。ところが、1ボールからの2球目、曲がりの大きなスライダーが真ん中に入ってきた。有森が「甘くきたので振った」という打球はぐんぐん伸び、レフトを越えてフェンスに直撃した。三塁から石田、二塁から栗山、そして一塁から市川とランナー全員が生還する3点タイムリー二塁打。

リードを5点に広げた白山のベンチや応援スタンドは歓喜に包まれ、快哉を叫ぶ者もいた。だが、二塁ベース上に立った有森は、ふぅと一息吐いて、いかにも安心したような表情を浮かべていた。

「うれしいというより、ホッとしました。満塁だったので、『打てなかったらどうしよう……』と思ってしまうんです。それまでの緊張がなくなったような気がしました」

続く辻もセンターへヒットを放つと、松阪商ベンチはここで動いた。藤崎をあきらめてサードに回し、ベンチに控えていた渡辺をリリーフに送ったのだ。もうこれ以上、白山に点を与えるわけにはいかなかった。

渡辺は5番の伊藤を三振に仕留め、ようやくこの回初めてのアウトを奪う。白山にとっては苦手意識のある投手だけに、流れが変わりかねない場面だった。

ところが、続く6番の駒田は初球のインコース寄りのストレートを振り抜いて、レフト前へと運ぶ。駒田はさほど目立たないながら、海星戦の犠牲フライに続いて、初球をとらえてチームに貴重な追加点をもたらしていた。

「普段はあまり初球を打たないんですけど、海星戦も松商戦も相手のピッチャーが替わったばかりで、ストライクを取りにくるだろうと待たずに打ちにいったんです。6番打者として還すべきランナーを還せたので、仕事はできたかなと思います」

さらに、ここで東が動く。7番・梶川の初球に二塁走者の辻と一塁走者の駒田がスタートし、ダブルスチールに成功したのだ。左投手の渡辺は二塁走者のリードが背中で死角になるため見づらく、さらに足の遅い辻を動かしてくるとは想像しないはず。そう踏んだ東の奇襲は、見事に成功した。

すると、梶川は127キロのストレートを逆らわずにレフト前に運ぶ。二塁走者の駒田までもが生還し、白山はこの回一挙6得点のビッグイニング。とうとう8点差までリードを広げた。

東の采配の意図を理解した上で、自分の意思で力を発揮する選手たち。指揮官と選手の呼吸がマッチした白山野球は、いよいよ結実のときを迎えていた。

最後は山本でいくと決めていた

5回を終了した時点で8対0。グラウンド整備が行われる間、スタンドの観衆も束の間の休息をとっていた。

観戦に訪れていた白山町自治連合会長の高尾明は、白山高校校長の赤塚の姿を見つけると、こう声をかけた。

「これは甲子園ですね！」

すると赤塚は「いやいや、相手は松商ですから。9回が終わるまでわかりませんよ」とにこやかな笑顔で応じた。

だが、実際には赤塚も高尾も内心では「もし甲子園に出たらどうするんやろう？」と思っていた。たしかに野球部は近年強くなってきてはいたものの、甲子園に出る心づもりなどまったくしていない。準備には何が必要なのか、お金はいくらかかるのか、誰が何をすればいいのか……。すべてのイメージが湧いてこなかった。

東は「早く終わってくれ……」と思いながら、ベンチで戦況を見守っていた。このまま松阪商打線が黙っているとは思えない。現に5回まで無失点とはいえ、被安打は8。いつ導火線に火がつくかわからないだけに、油断はできなかった。

「山本も相性的に松商は抑えるイメージがあったんですけど、もし松商打線と合ってしまうと、1イニングでビッグイニングになる恐れもある。2イニング以上を任せるのは少し不安があったので、できる限り岩田に投げてもらいたいと思っていました」

だが、6回裏には6番・古儀、代打・前川将也、8番・堀江と下位打線に3連打を許して2点を奪われる。東は「メッチャ長く感じる」と思いながら、じりじりとイニングが進むのを待った。救いだったのは、守備からベンチに戻ってくる選手たちの表情だった。

「雰囲気だけは壊さないように注意していましたけど、選手たちがうれしそうに帰ってくるのを見て、『のびのびやるって、こういうことなのかな』と思っていました」

試合が終盤にさしかかると、主将の辻は自分のはやる思いを必死にセーブしていた。

「どうしても頭に『甲子園』が浮かんでくるんですよ。終盤になるとチラついてくる。『まだ早い』と自分に言い聞かせて、なるべく抑えていました」

8回裏にはショート・栗山の〝お決まり〟のエラーをきっかけに無死一、二塁のピンチを迎えるが、後続を3人で仕留めて無失点。岩田は松阪商打線に12安打を浴びながらも、8回を2失点に抑えた。

そして東は、山本に声をかける。最後は山本だと決めていた。

「勝つにしても負けるにしても、最後の責任がかかるところは山本やと思っていました。それで負けたとしても悔いはない。山本がいたから、これだけ戦えるチームになったんですから」

山本としても、白山のエースとしての自負がある。菰野戦以降は岩田が中心に起用されていたが、「マウンドを譲りたくない」という思いは強かった。最後の1イニングを東に任されたことを意気に感じながら、山本は最終回のマウンドに立った。

日本一ぎこちないナンバーワンポーズ

先頭の2番・宮前海斗は山本にとっては大野と同様に、松阪梅村シニア時代のチームメートだった。シュアな好打者に4球連続ファウルで粘られた末にうまくとらえられ、ファーストの左を抜けようかというヒット性の強い打球が飛んだ。

だが、ファーストの有森がこれを横っ飛びで好捕。すぐさま一塁ベースを踏んで、先頭打者を抑えた。有森は「点差もあったので、いい意味で安心してプレーしていました」と胸を張る。もはや三重大会初戦で軟式用のファーストミットを使い、何でもない送球が捕れなかった頃の頼りなさは影を潜めていた。

山本は続く左の強打者・藤原健人にレフト前に落ちるヒットを許すが、4番・藤崎に対してはスライダーを打たせてボテボテのサードゴロに。いよいよ、あとアウトひとつ。波乱続きの三重大会が、最後まで波乱で締めくくられようとしていた。

9回裏、2死二塁で打席に入ったのは5番の竹下伶音。1ボールからの2球目を打つと、またもやサードの岩田の前にゴロが転がった。

岩田はゴロを難なく捕球。ふと前を見ると、打者走者の竹下と目が合った。

「ファーストに暴投するのはイヤやったので、ゴロを捕って少しファーストに近づいてから投げようと思ったんです。そうしたらバッターとメッチャ目が合って。そのとき、なぜか『投げたくない』と思ったんです。これであいつらの夏が終わりなんかな……と思うと、かわいそうというか。ピッチャーのときは何も思わなかったのに、このときはいろいろなことが頭に浮かんできました」

岩田はステップを2つ刻み、ようやく一塁に送球。ボールは有森のミットに収まった。試合終了である。

マウンド上の山本は「終わった！」とグラブをひとつ叩き、天に向かって右腕を力強く振り上げた。兄の庸真が三重高時代に三重大会を制したとき、選手全員がマウンドに集まって盛大に喜ぶシーンを山本はスタンドで目撃していた。今回もそうなるのだろうと捕手の辻に振り返ると、辻はまるで「ワンアウト」の仕草でもするように人差し指を顔のあたりにささやかに立てて「これ、上げていいの？」と聞いてきた。

山本が「えっ？」と戸惑っていると、怪訝そうな顔でサードの岩田やファーストの有森も合流する。みな人差し指を控え目に立てながら、不安そうな顔をしていた。ショートの栗山はその光景を見て、「やっぱりやりよった！」とあきれていた。

「試合前から、優勝した瞬間のポーズの話ばかりしていたんですよ。みんな『マウンドに集まるよな？』と言っとったんですけど、僕は『ええやん、普通にホームに行こうや』と言ってたんです。だって、みんなやり慣れていないから、絶対にぎこちなくなると思ったんですよ。本当にそうなったんで、それを見とるこっちも恥ずかしくて。僕は一番端っこにいましたよ」

センターの市川はマウンドに向かってダッシュしながら、「遠いな」と感じていた。

「早くあの輪に加わりたくて……。『センターって遠いな！』と思いながら、とにかく興奮していました」

選手全員がマウンドに集まる頃には、誰もが右腕を高々と天に掲げて、人差し指を突き上げていた。日本一ぎこちないナンバーワンポーズは、選手たちがいかに「優勝」というものに縁遠かったかの裏返しでもあった。

喜びを弾けさせる選手とは対照的に、試合後挨拶のために部長の川本や副部長の池山とともにベンチ前に出てきた東は硬い表情をしていた。

「どうしよう、優勝しちゃったよ……。ウチでええんやろうか……」

あの選手たちが、とんでもないことを成し遂げてしまった。当然、達成感はある。だが、同時に何か得体のしれない重いものが背中に乗ってくるような、そんな不思議な感覚にとらわれていた。

一方、64歳にして甲子園まであと一歩に迫っていた冨山は、無念さを噛み殺しながらも、気持ちに折り合いをつけていた。

「俺にとったら最後の甲子園のチャンスやろうけど、まあそういうもんやで。2年前は大人と子どもくらい差があったのが、少しずつ差が縮まってきて『そろそろヤバいな』と感じとったから。白山の3年生は経験値があるし、突如強くなったわけではない。みんな奇跡と言うやろうけど、こういうことが起きる要素はあった。それに、『東くんでよかった』という思いもありましたよ。進学校から底辺校に来て優勝するんやから、考えられへん。そら祝福するわね」

ようやくマウンドの輪が解け、選手たちは整列して挨拶を交わした。松阪商の選手たちと健闘を称え合った後、白山の選手だけがホームベース付近に一列に並び、場内のスピーカーから白山の校歌が大音量で流れた。

ベンチ前の東がバックスクリーンを向いて校歌を聴いていると、後ろから「東くん！」と名前を呼ぶ声がした。振り向くと、スタンド最前列のフェンス越しに奥村がいた。

「朝になって『行かなアカンやろ』と思って、急遽滋賀から四日市まで来たんです。僕はノックの時点で、キビキビと動いていた白山が勝つと思いましたよ。初回から明らかに白山に風が吹いていたし、『ヤバイ、東くんが甲子園に行く！』と鳥肌が立っていました」

奥村が東に向かってサムズアップを作ると、東も笑って親指を突き立てた。

東の脳裏に奥村との記憶が蘇ってきた。白山への異動を唯一祝福してくれたのは奥村だった。組織やグラウンドをゼロから作り上げた野洲のノウハウを惜しみなく伝授してくれたのも奥村だった。問題が起きればすぐに相談し、指導に行き詰まりを覚えれば愚痴を聞いてくれたのも奥村だった。

東はこの光景を奥村に見てもらえたことが、心の底からうれしかった。

金もOB名簿もない甲子園出場校

場内に校歌が流れていた頃、白山町自治連合会長の高尾の携帯電話が鳴った。

「これから学校で今後の対応を協議するんやけど、高尾さんも来てもらえんやろうか？」

その時点ですでに、学校関係者や地域の重要人物に緊急の招集がかけられていた。校長、教頭、教職員、ほとんどの人間にとって甲子園は初めての経験である。これから何をすればいいのか、誰も見当がついていなかった。

高尾は車を走らせ、四日市から白山高校へと向かった。17時頃に白山の校門に着くと、すでに多くの野次馬と報道陣が押し寄せていた。高尾はあらためて「とんでもないことになったな」と、野球部の快挙を実感していた。

緊急会議では、何をすべきかが協議された。3年前に津商の部長として甲子園に出た副部長の池山も当時は教員としての経験が浅く、主要な仕事は他の教員に任せていたこともあって、あまり記憶していなかった。

それでも、さまざまなつてをたどって情報を集めると、「とにかく先立つものが必要」ということがわかった。それも数千万単位の大金である。

甲子園出場校はOBから寄付金を募るのが通例になっている。白山でも1万人以上いる卒業生に寄付を募るハガキを送付することになったが、ここで問題が発生した。卒業生名簿がないのである。

近年の卒業生はデジタル化された住所録があるため、ハガキに印刷すれば簡単に発送できる。だが、問題はデジタル化されていない卒業生への通知をどうするか。残っている住所データといえば卒業アルバムしかなく、しかも時代によっては5ケタの郵便番号である。なかには転居している者も大勢いるだろうし、そもそも女性になれば姓が変わり、実家を出ている者が大多数に違いない。OBからの寄付を集めるには、途方もなく時間と手間がかかる作業に思えた。

そこで、地域を代表して手を挙げたのは自治会長の高尾だった。高尾は65歳ながら地域の知恵袋のような存在だった。

「学校だけでは難しいこともあるでしょうから、自治会として我々もフォローしていきましょう」

津市白山町の人口は約1万1000人。ただし、白山町と一口にいっても約111平方キロメートルと面積は広く、さまざまな地区に分かれている。白山高校があるのは家城地区で、学校に祝福に駆けつけている人間のほとんどが家城地区の住民だ。ただ、家城地区以外の白山町民のなかには

「白山高校はおらが町の高校」という意識が薄い住民もいる。

高尾は白山町内の自治会を束ねる連合会の会長として、各地区の自治会長に寄付を募るよう働きかけた。高尾の命を受けた会員が担当地区の各世帯を1軒1軒回り、時には回覧板を回して寄付を募ったのだ。白山町民はこぞって白山の快挙を祝福し、寄付に応じた。

そうした地道な戸別訪問の過程のなかで、白山町に住んでいる松阪商監督の冨山に寄付の依頼がくるという皮肉な事件もあった。冨山は「まさか俺んところにくるかと思ったよ」と苦笑しつつも、その地域をあげた支援に驚いたという。

さらに高尾は、津市全体の自治連合会にも寄付を依頼する。

「みんな地区ごとに歩いて回ってもらいましたけど、白山町には大きな企業があるわけではない。そこで津市の自治連合会にもお願いしていったんです。津市は10の市町村が合併してできた、広い市ですからね」

そして学校では、連日40人ものボランティアを動員して卒業アルバムに載った住所を手書きでハガキに転記する作業が行われた。5ケタの郵便番号を7ケタに直すひと手間もあるだけに、時間と人間はいくらあっても足りなかった。

そして甲子園行きの準備を取りまとめる甲子園実行委員会の委員長には、白山高校の同窓会長である岩崎忠弘が就いた。野球部のファウルボールで車や窓ガラスを破壊されてきた、営農組合の岩崎である。

「私ももう73ですから、大変ですわ。みんな初めての経験ですから、津商が甲子園に出たときの資料をもらって、寄付を募る準備をやっていきました。でも、地域の方がものすごく協力的でうれしかったですね。学校にお金を持ってきて、『よかったら使ってくれ』と渡してくれる人がたくさんおって」

そして岩崎が感じた変化は他にもある。率直な実感として「甲子園が決まってからOBが増えた」と感じたのだ。

「実際に増えることなんてありえんけど、今まで白山高校に引け目を感じていたヤツらも『私も卒業生なんです』と隠さずに言えるようになったんでしょうね。ようけ協力してもらって、『田舎の学校でもできるんや』と自信になりました」

自治会を中心とした地域の支援もあり、白山は目標額を大幅に上回る寄付金を募ることに成功した。

「リアル・ルーキーズ」と呼ばれて

2018年度から白山に定年後の再任用という形で赴任した佐竹真一は、過去に三重県高野連の理事長を7年務め、現在も学校勤務の傍ら高野連の仕事をしている。毎年、連盟の仕事として甲子園大会の現場にも行っており、初の甲子園出場で浮足立つ白山にあって佐竹の存在は大きかった。

だが、佐竹にとっても白山の甲子園出場は、これまで自分が知っていたケースのどれにも当てはまらなかった。

「普通、甲子園が決まったら名古屋のメディアが取材に来るんです。それが白山の場合は東京や大阪のメディアまで取材に来た。優勝を決めたその日のうちにテレビカメラが学校に来て、会議の様子まで映されて戸惑いました」

強引な取材手法に辟易とすることも絶えなかった。日が落ちれば誰も出歩かないような静かな町を、テレビクルーが地域住民を探して闊歩する。それは地域住民にとってもストレスが溜まることだった。ある地域住民はこう語る。

「外を出ればカメラを向けられるので、めったなことでは表を出歩けなくなりました。夜も真っ暗ななかを誰かが歩き回っているので、もう怖かったですね……」

殺到する取材依頼に、もはや学校がメディアの窓口になるのは不可能と判断した佐竹は、大会を主催する朝日新聞社の津総局長に一括して取りまとめてもらうことにした。

家城一番の白山野球部応援団長を自任するクリーニング店の畑の元にも、取材に訪れる記者が絶えなかった。野球部が優勝した喜びに満ちあふれ、最初は前向きに取材に応じていた畑も、徐々に同じ質問に答えることが苦痛になってきた。

「もうあまりにも何も調べずに来る人がいるので、『野球を知っとる記者さんとしか話したくない』と思うようになりましたよ」

それでも、これまで周囲の野球部への関心の薄さを嘆いていただけに、このフィーバーが畑には誇らしくてならなかった。

「僕なんか、菰野に勝ったところで100パーセント満足してたんです。優勝なんて信じられなくて、『こんなことあっていいのか』と思っていました。新聞を開くと、甲子園出場校が決まった地区は日本地図に学校名が入っていくじゃないですか。大阪桐蔭、智辯和歌山、龍谷大平安といった名門のなかに『白山』と入っているのが信じられなくて、何度も何度も見てしまいましたからね」

洋品店・やまちょうの園は野球部に何かプレゼントできないかと考え、あるアイデアを思いついた。やまちょうを訪れた客に、スポーツドリンクが入ったペットボトルの容器に野球部への直筆メッセージを書いてもらい、それを差し入れるのだ。

甲子園への出発まで日もなかったため、スポーツドリンクは120本購入した。だが、その120本はすぐに地元住民たちのメッセージで埋め尽くされ、園は喜び勇んで野球部にペットボトルの入った段ボールをプレゼントした。

「後日、川本先生に写真で見せてもらったんですけど、選手たちも喜んどったみたいでうれしかったですね」

一方、選手たちも優勝直後から続くフィーバーの渦中にいた。

連日、よくわからない祝勝イベントや取材に追われ、日常生活は一変した。「同じことばかり聞かれて面倒やな」「『意識してることは?』って聞かれるけど、なんやそれ」などと不満を口にする選手もいた。

優勝直後から彼らにつけられたキャッチフレーズは「リアル・ルーキーズ」だった。『ROOKIES(ルーキーズ)』は、ドラマ化・映画化もされた森田まさのりの野球漫画。熱血教師がヤンキーの集う野球部を立て直す物語だ。

たしかに白山野球部の多くは、第1志望校の受験に失敗して地域の評判の悪い高校に入学したというコンプレックスを抱いている。2007年から10年連続して夏の三重大会で初戦敗退していた弱小校でもあった。ただ、「ヤンキー」かといわれると、実像とのギャップがある。市川京太郎の父・充洋が「いたとしてもヤンキーの一歩手前」と評するように、「ヤンチャ」の域を出ない程度である。

辻は報道陣から「リアル・ルーキーズ」というネーミングの感想を問われ、こう答えた。

「僕たちはそう思っていないので、今まで通り自分をしっかりと持ってやっていきます」

一方、東は取材に通うメディアの人間に苦笑しながらこう語った。

「『ルーキーズ』なんて言われているみたいですけど、ヤンキーなんていますか？　素朴で自分に自信のない子どもたちの集まりですよ」

地域一体となった熱狂と戸惑いにゆらゆらと揺れながら、白山が甲子園に挑戦する日は近づいていった。

第11章 空に昇っていく大歓声

甲子園見学スイング事件

――これが甲子園か！

7月31日、三重から兵庫県西宮市にある阪神甲子園球場に到着した白山の選手、関係者は甲子園見学に参加していた。

例年、夏の甲子園に出場した高校には、大会前に「甲子園練習」と呼ばれる甲子園球場での練習時間が割り振られる。だが、2018年夏の甲子園は100回記念大会であり、出場校が従来の49校から史上最多の56校まで増えていた。日程的に甲子園練習を実施できなかったため、各校15分ずつの「甲子園見学」が実施された。

選手や指導者は甲子園のグラウンドに立ち、マウンドの傾斜やバッターボックス、各ポジションから見える景色を確かめていた。

岩田は実際にマウンドに上がり、軽くシャドウピッチングをしてみた。

「『メッチャ投げやすい！』とビックリしました。ほどよい傾斜で、自分に合いそうやなと感じました」

部長の川本は当初、甲子園見学をスタンドから見るつもりでいたという。

「いろんな強豪校の顧問の先生がみんな入られていたので、私も入らせてもらうことにしました。最初は辻や市川と外野フェンスに行きました。市川がフェンスに体をぶつけて『これなら痛くないですよ、先生』と言うので、『どれどれ～』と、私もクッションを確かめたりして。そうしたら諸木先生が写真を撮っていたので、みんなで『ピース！』とポーズをとって記念写真を撮りました」

川本は甲子園球場という非日常空間に興奮しつつ、普段と変わらないスタンスで選手やスタッフと接していただけだった。だが、川本は自分の一挙手一投足がすべて新聞社のカメラマンに押さえられていたことを知らなかった。

川本はその後、バッターボックス付近にいた東に「ええやん」と促され、バットを持って甲子園のバッターボックスに入った。中学では野球部に入れてもらえず、高校ではマネージャーすら拒まれた川本にとっては、甲子園のバッターボックスは野球少女だった自分の原点を思い出すような神聖な空間だった。

「本当に夢のようでした。まさかグラウンドに入らせてもらえるとは思っていなかったので、幸せでしたねぇ」

川本がワンスイングすると、見守った選手たちの間で笑顔が広がった。川本も満面の笑みでバッターボックスを離れた。副部長の池山は「稲村亜美のスイングよりもいいスイングをしとった」と川本を称えた。

ところが、直後に状況が一変する。高野連の関係者に呼び出された川本は「選手のための見学なので、それくらいで……」とたしなめられる。川本はその場で「申し訳ありません」と謝罪したのだが、この一件がメディアによって一斉に報じられたのだ。

川本としては「ちょっと注意されただけ」という認識でいたが、世論はまるで「川本部長が厳重注意を受けた」かのように受け取っていた。

2年前の2016年には、甲子園練習に大分高校の女子マネージャーがユニホーム姿で練習補助し、大会関係者が「ボールボーイは男子部員に限る」という大会規定を理由に注意するハプニングがあった。一部では「男女差別」という批判もあがり、大会前から物議をかもしていた。

川本の一件で2年前の事件もほじくり返され、再び賛否両論が沸き上がる騒動になったのだ。また、川本が笑顔でフォロースルーをとるシーンはさまざまな新聞によって報じられ、「こんなに楽しそうにスイングしているのに、かわいそう」という世の同情も買った。

だが、白山のケースは男女性の問題ではなく、甲子園見学の主旨が選手のためにあることを注意されたに過ぎなかった。川本は「騒がれすぎてビックリしっぱなしでした」と戸惑いながらも、部長としての仕事をまっとうしていた。

30点差で負けたらどうしよう

8月2日、大阪市北区のフェスティバルホールで第100回全国高校野球選手権記念大会の抽選会が開かれた。その結果、白山の初戦日程は大会7日目（8月11日）の第4試合、対戦相手は西愛知代表の愛工大名電に決まった。OBに工藤公康、山﨑武司、イチロー……。高校野球ファンでその名を知らぬ者はいない名門である。

愛工大名電が相手と決まった瞬間、抽選会場にいた伊藤尚は愛工大名電の主力選手・後藤晃成と目を見合わせた。2人は中学時代、四日市トップエースのチームメートだったのだ。

伊藤にとって愛工大名電は自分が進みたかった憧れの高校だった。そんな因縁の学校と甲子園で対戦するとは、信じられなかった。ちなみに、伊藤が中学時代に進学を希望した愛工大名電、常葉大菊川、折尾愛真、白山の4校は、どういうわけかすべて今大会の出場を決めていた。

「まさか名電と当たるとは思っていなかったので、ビックリしました。でも、名電に行けなかった自分の過去のことは、もうどうでもよかったんです。後藤とか2年生の堀内（祐我）とか、中学時代のチームメートがおるなという感想でしたね」

一方の後藤も、伊藤がいる白山との対戦は「まさか」という感覚でいた。

「伊藤が白山に進んだと聞いたときは、正直言って『どこだろう？』と学校の存在すら知りませんでした。高校に入って3年夏の映像を見たら、中学時代より断然成長していたので驚きました。打球スピードが速いし、ツボにはまれば飛距離もある。三重県トップクラスのバッターになっていましたね」

東はさっそく愛工大名電の映像を集め、東邦との間で争われた西愛知大会決勝戦を見てみることにした。

「東邦の先発ピッチャーが扇谷《おうぎや》（莉《らい》）という190センチ近いピッチャーで、ストレートは145キロくらい出るわ、スライダーは130キロを超えるわで、『なんやこいつ』と思っとったら、名電の稲生《いのう》（賢二）が扇谷のボールを振り切って、ライトスタンドに放り込んで……。そこでもう見るのをやめました」

——レベルが違う……。

「勝つ」という以前に、まず「何失点以内に収められるか？」ということを考えた。白山は守備に自信があるチームではない。甲子園の雰囲気にのまれ、愛工大名電の強打に守備のミスが絡めば、ビッグイニングもありえるだろう。次第に東の内面をネガティブな思考が巣食い始めた。

「30～50点取られたらどうなるんやろう……」

「岩田と山本で5回まで持たなかったら、どうすればええんや……」

夏の甲子園のワースト失点記録は、1985年の東海大山形が喫した29点である。相手は清原和博、桑田真澄の「KKコンビ」を擁したPL学園だった。東は白山がこの記録を更新する可能性すら考えていた。

おそらく愛工大名電の監督を務める倉野光生は、白山を丸裸にしてくるだろう。三重大会では大きく露呈することはなかったが、東は捕手の辻の弱肩が大きなウィークポイントになると考えていた。愛工大名電の選手ともなれば俊足ぞろいで、盗塁がフリーパスになる恐れもある。そうなれば30点くらい取られてしまっても不思議ではない。

一方で、周囲は口々に「愛工大名電は夏に弱いよ」というプラス材料を伝えてきた。倉野が監督になって以降、愛工大名電は夏の甲子園に7回出て、0勝7敗と未勝利だったのだ。東はその要因を踏まえ、わずかながら勝利のイメージを固めた。

「5回まで競ることができれば、甲子園のスタンドも味方につけて後半勝負に持ち込めるかもしれない」

初戦が大会7日目に組み込まれたため、必然的に白山の甲子園滞在期間は長くなった。選手たちは基本的に1日2時間と決められた練習をこなす以外は、ホテルで過ごすことになった。伊藤は「修学旅行みたいで楽しかった」と言う。

「高校2年のときの修学旅行はドタキャンしたんです。沖縄やったんですけど、中学のときに行ったことがあって、『このクラスのメンバーで行っても楽しくないな』と思って『休むわ』と言っとったんです。そうしたら東先生から『来ないと試合に出さんぞ』と言われて。『それくらいで?』と反発してしまって、旅行に行かずに地元の友達と遊んどったんです。それからしばらく、東先生からは無視されたんですけど」

だが、当初は楽しんでいた関西でのホテル暮らしも、徐々に息苦しさを覚えるようになっていた。栗山はこう漏らす。

「甲子園に行ったら観光できるかな? と思っていたら、自由時間がほとんどなくて。近くの温泉に1回と、あとは近くのイオンに行きたいヤツだけ連れて行ってもらって、少しだけ自由時間がありました」

だが、白山高校のジャージを着て行動しているため、選手たちは「楽しめやんな……」と感じていた。店員から「どっかの野球部やろ?」と聞かれ、「白山です」と答えると、「あぁ、やっぱりそうなの⁉」という反応が返ってくる。自分たちの存在が世に知られ始めていることを実感し、ますます羽が伸ばせなくなるのだった。

ホテル内でいよいよやることがなくなった選手たちが手をつけたのは、「鬼ごっこ」という原始的な遊戯だった。地下の駐車場で汗だくになり、奇声を発して動き回る坊主頭の集団。傍目には異様な光景に映ったことだろう。しかも、それが甲子園球児ともなればなおさらだ。

アルプススタンドの感慨

2018年8月11日、17時7分。この日の第4試合となる白山対愛工大名電戦のプレーボールが告げられた。

先攻の白山は、いつものように1番の栗山が打席に入る。愛工大名電の先発左腕・室田祥吾に対してカウント2ボールから、ストライクゾーンに入ってきた球を思い切りよく振り抜いた。打球はいい角度で上がったものの、センター定位置へのフライだった。

いきなりのいい当たりに、一塁側アルプススタンドに集結した白山応援団は歓喜した。ほぼ全員が背中に「日本一の下剋上」と染め抜かれた緑色のTシャツをまとい、選手たちに声援を送った。

この日、応援スタンドの責任者を務めたのは佐竹である。

「問題が起きないようにアルプススタンドを見回るんですよ。もちろん、試合は見たくても見られませんよ」

地元住民も数多く駆けつけた。人口1万1000人の白山町から2000人がバス50台に分乗して、甲子園へと乗り込んでいた。集合場所だった伊賀上野のドライブインにはあまりに多くの応援参加者が集まったため、誰がどのバスに乗ればいいのか混乱が起き、出発時間が遅れるというハプニングがあった。他にも個別で移動手段を確保し、甲子園に向かった者も多数いた。

応援体制も強化されていた。白山高校の吹奏楽部は部員が8名しかいないため、三重大会でも助っ人を頼んだ津市立白山中、津市立美杉中の吹奏楽部、さらには久居農林高校の吹奏楽部、地元アマチュアバンドまで動員して即席のブラスバンドを編成した。

アルプススタンドには、野球部に縁深い地元住民もやってきていた。家城一番の応援団長・畑は「いつものバックネット裏最前列のほうが見やすいやね」とこぼしながらも、愛息と2人で甲子園球場の雰囲気を味わった。3年生の刀根がインターンシップに通う自動車整備工場の福山は「スコアボードに『白山』と表示されているのを見て、『ミスプリントじゃないか?』とみんなで笑い合ったんです」と、現実とは信じられずにいた。

もちろん、野球部OBの青木兄弟もアルプススタンドに駆けつけた。弟の真朔は夏の大会前は「三重でベスト8に入ったら山本(朔矢)に焼肉をおごる約束をしていた」と言うだけに、夢見心地だった。

「まさか白山が甲子園に行くとは思っていなかったので、本当にうれしかったですね。甲子園に来たのは初めてですけど、テレビで見るのと全然違う。もうスタンドの盛り上がりがすごいなと感じました」

兄の隆真は部員ひとりの時代を経験していただけに、アルプススタンドに自分がいられるだけで、感慨もひとしおだった。

「緑一色に染まったスタンドを見て、『こんなに応援してくれる人がおったんやな』とうれしくて、うれしくて。あれほど地元からのイメージが悪くて、応援されていなかった学校が、これだけみんなに応援されるようになったんや……と」

そして隆真は、言葉を絞り出すように、こうつぶやくのだった。

「自分もこの世代におれたらよかったのになぁ……って思ってしまうんですよ。やっぱり、甲子園のグラウンドに立ちたかったですから」

また、甲子園球場から遠く離れた白山町の洋品店・やまちょうでは、店舗2階の多目的スペースを使ってパブリックビューイングが開かれていた。店主の園は「甲子園に行きたくても行けないお年寄りや、仕事の都合が合わない方のために、みんなで応援できる場所を作りたかったんです」と意図を語る。

会場には80人を超える町民が集まり、応援グッズを手に晴れ舞台を見守った。そこには地域の生き字引である岩脇の姿もあった。

「普段は野球に興味がないのですが、このときばかりは応援しましたよ。開会式の入場行進はテレビ画面に向かってカメラで何枚も撮りましたしね。パブリックビューイングは取材のテレビカメラも入って、こんなに盛り上がるのは久しぶりやなと驚きました」

魔法が解けたかのような拙守

白山の初ヒットを記録したのは市川だった。

先頭の栗山が倒れた直後、2番の市川はカウント3－2から背中側から低めに入ってくるスライダーをうまくとらえ、ファーストの左を抜ける打球を放つ。一塁側アルプススタンドから届く大歓声に、市川は「心臓バクバクやったっす」とおどけながら喜びを噛み締めた。

「とにかくメッチャうれしかったです。『やってやったぜ！』という感じ。狙い球は真っすぐやったんですけど、スライダーがインコースにきて腰がうまく回って打てました。やっぱり注目されていたのもあって、お客さんがいっぱい見に来てくれとったから、三重大会では味わえやん歓声で感動しました。あぁ、いま甲子園に立っとるんやなぁ……って実感しましたね」

アルプススタンドでは、市川の父・充洋が歓喜の雄叫びをあげていた。

「何としても京太郎に初ヒットを打ってもらいたいと思っていたので、うれしかったですね！　アドレナリンが出ていましたよ」

3番の有森が空振り三振に倒れ、2死一塁で右打席に入ったのは4番の辻だ。実は、辻は甲子園に入ってからスランプに悩まされていた。

「みんな練習でバンバン打っているのに、僕だけ打てていなくてヤバイなと思っていました」

だが、甲子園の独特のムードに自分の背中が押されるような感覚があった。不思議なほど自然体で打席に入り、カウント2ボール1ストライクから振り抜いた打球は、レフト後方への大飛球になった。

「これは絶対に越えた！」

辻は確信して走り始めた。愛工大名電のセンターを守る後藤は、打球を追いながら「芯でとらえられたので、（レフトの頭を）越えたな」と思っていたが、ここで思わぬプレーが起きた。レフトを守る2年生・稲生賢二が後退して、大きくジャンプ。倒れ込みながらも、フライをキャッチしていたのだ。後藤は苦笑して言う。

「稲生は下手ではないんですけど、普通のフライが飛んでも見ていて怖い捕り方をするので、いつも全力でカバーに行くんです。辻くんは長打があるので後ろに下がっていたんですけど、打った瞬間はヤバイなと思ったので、捕ってくれてホッとしました。0点に終わったので、硬さが取れたような気がしましたね」

打った辻は一塁を回っても稲生が捕ったことに気がづかなかった。愛工大名電の選手たちがベンチへと引き上げていく様子を見て、自分がアウトになったことに気づいた。2死だっただけに、抜けていれば1点は確実なプレーだった。それでも、初回から白山の打撃力を見せつけるような攻撃に、一塁側アルプススタンドは盛り上がった。

1回裏、白山の先発マウンドには岩田が上がった。三重大会では菰野、海星、松阪商といった強豪相手に好投してきた岩田だが、東は「名電の打線はレベルが違う」と見ていた。前年11月に練習試合をし、2試合で計33失点した中京大中京と同等の打撃力と考えれば、「なんとか騙し騙しでも抑えてほしい」と願うしかなかった。

岩田は「人がメチャクチャおってビックリした」と平常心ではなかったが、愛工大名電の1番打者・柳本優飛《ゆうひ》にカウント3－2とすると、セカンド左へのゴロを打たせた。だが、岩田もベンチの東も「そこに飛んでしまったか……」と思っていた。セカンドを守る梶川は二塁ベース寄りの打球が苦手で、三重大会でもこのエリアのゴロをほとんど内野安打にしてしまっていたのだ。梶川はやはりゴロを捕り損ね、一塁に投げることすらできない。記録は内野安打だが、打ち取った打球だけにもったいなさが残った。

いきなり背負ったノーアウトのランナー。辻の弱肩を補うためにも、牽制球は頻繁に入れておきたいところ。1ストライクを取った後、2球目に入る前に岩田が一塁に牽制球を入れた。ファーストを守る有森が手を伸ばし、ランナーの柳本が戻る。なんでもないプレーのはずだった。ところが次の瞬間、場内がドッと沸いた。

岩田は「何が起きたのかわからなかった」という。だが、有森が背中を見せ、走って遠ざかる姿に、すべてを察した。有森が牽制球を捕り損ねたのだ。

柳本は俊足を飛ばして二塁ベースを蹴り、一気に三塁まで到達する。岩田は「終わったわ。これ絶対に点数入るやん」と気落ちした。

甲子園球場の雰囲気はすっかり「白山びいき」に。選手たちは試合前、東拓司監督からこんな言葉をかけられていた。「バスから降りてお客さんがいっぱいいてチヤホヤされるやろうけど、浮足立ったら試合に影響する。今まで通りやろうや」。

有森は呆然としながら、「東先生の言った通りや」と痛感していた。

「試合前に東先生から『夏やから観客席は白い服が多いし、うちわが重なってボールが見えにくくなるから注意しろ』と言われていたんです。牽制球が来たときも、観客席とボールが一瞬重なってしまって、見えなくなってしまって……」

三重大会初戦では軟式用ファーストミットを使って首脳陣を震撼させた有森だが、このときはコーチの片岡から借りた硬式用ミットを使っていた。いずれにしても、有森本人が「僕のミスは必ず失点につながる」と自覚しているミスが起き、事実その通りになってしまうのだった。

無死三塁で左打席に入った愛工大名電の2番打者・西脇大晴は冷静だった。

「映像を見て、岩田くんはコントロールがよくて、左バッターに使うチェンジアップがいいので気をつけようと思っていました。打席に入ったら真っすぐが思った以上にキレがいいなと感じましたが、力負けはしないだろうと。スライダーはストレートを意識しながらでも対応できるし、ストライクゾーンを積極的に打ちにいこうと考えていました」

西脇は小学生時代にはNPB12球団ジュニアトーナメントの中日ドラゴンズジュニアに選出されており、大阪桐蔭の根尾昂《あきら》とはチームメート。中学では名古屋北リトルシニアで名古屋選抜に選出され、愛工大名電では主将を務めるエリートだ。踏んできた場数は並の高校生とは比べものにならないほどで、言動も大人びている。

西脇は直後のストレートを鋭く振り抜き、センターへのタイムリーヒットを放った。さらに愛工大名電は攻撃の手を緩めることなく、1死から4番の牛島凛人《りんどう》がレフト前ヒットを放ち、1死一、三塁のチャンスを作る。ここで打席に入ったのは5番の後藤だ。

「内野が後ろに下がっていたので、ゴロを転がせば1点だなと思っていました。足には自信があるのでゲッツーはないし、確実に追加点がほしいので最低限でもゴロを打とうと考えていました」

後藤は言葉通り、ショートの栗山へのゴロを打つ。牛島が二塁フォースアウトになったが、三塁走者の西脇が生還して2点目が入った。さらに後藤が快足を生かして盗塁に成功し、6番の永井翔《かける》のセンター前ヒットでホームイン。

早くも格上である愛工大名電に3点のビハインドを許し、初回の攻防は終わった。

「SKB47」の甲子園

愛工大名電の監督を務める倉野は、隣県の三重に白山という高校があること自体を知らなかった。だが、侮ることはなかった。白山が菰野と海星を破っていたからだ。

「菰野も海星も試合をしたことがありますが、どちらも甲子園に出てもおかしくないチームでした。菰野の田中と岡林、海星の大須賀はいずれプロに行くんじゃないかと思いましたから。そういうチームを1回だけでなく、2回も破っているということは偶然ではありません」

先発が予想される岩田はキレのいいスライダーを捨てる。打線は1番の栗山の出塁率が高く、5番の伊藤がポイントゲッターとして当たっているため要注意。他にも市川ら左打者に好打者が多いため、左投手の室田を先発させよう。倉野が試合前に講じた策はこのくらいのシンプルなものだった。

「試合前の映像は予備知識程度に見ておかないと、高校生は1週間から10日間でも大きく変わりますから。あくまで本番でどうするかが大事だと思っています」

多くの高校野球ファンが記憶に留めている倉野の野球といえば、「バント戦法」だろう。春のセンバツでは2004年春に準優勝、翌2005年春は優勝に導いた。ランナーがいようがいまいが打者は頻繁にバントの構えをし、守備陣を揺さぶる。その極端な戦術は大きな話題になった。だが、2018年夏のチームはバント練習を一切しないほど、方針を180度転換させていた。

「今はプロもアマもバッティングがものすごい勢いで進化しています。スクイズで苦労して1点取っても、長打で3〜4点をすぐに取られちゃう。西脇の代は広い球場でもサク越えできる選手が増えてきたので、『どんどん飛ばせ！』という練習ばかりして、攻撃野球に特化していきました」

そこで倉野は大々的に「SKB47」というキャッチフレーズを掲げるようになる。「スーパー(S)攻撃（K）ベースボール（B）」の頭文字で、「47」は部員の数である。折しもアイドルグループ・AKBグループの総選挙でSKE48の松井珠理奈が1位を獲得していた。倉野は「時代は名古屋だ！」と力説し、SKE48をダブらせるようなネーミングで攻撃野球への意識を植えつけたのだ。

だが、肝心の選手はというと、主将の西脇は「実はSKEに興味がないので最初はピンときませんでした」と笑う。急峻な山に挑戦するほど登山にのめり込み、書道の達人でもある倉野は、選手からすれば常人離れした感覚の人物に映っていた。だから倉野が「SKB47」と口にしても、選手たちは若干の戸惑いを覚えながらも「倉野らしい」と受け入れた。トリッキーな一面がある一方で、ネットの修繕や環境整備を自ら進んでやる姿勢に感銘を受ける部員も多く、西脇は「実績のある監督なのに、細々と面倒な仕事までできるのがすごいと思います」と慕っている。

倉野は「今年、甲子園に出られなかったら俺はやめる」と宣言していた。2016年5月に野球部のグラウンドが改修され、両翼100メートル、中堅122メートルのスタンド付きの高校野球とは思えない立派な球場になった。約3億円の総工費でグラウンドを改修した理由は「100回大会の甲子園に出るため」だった。

「100回大会に出ることは至上命題でしたので、今年出られなければもう一生行けない。だから今年甲子園に行けなかったら、俺は監督をやめなきゃいかん。選手たちにはそう言っていましたね」

ノーシードだった西愛知大会では序盤から苦戦が続いたが、なんとか強敵を破って甲子園に出場した。最低限のノルマは果たしたものの、倉野には「夏の甲子園で勝てない」という不名誉なレッテルもあった。本人は「どのチームも勝ちたいのは一緒だし、最後まで1回も勝てないのもアリだな」とどこ吹く風だが、主将の西脇は「監督のためになんとかして自分たちの代で勝とうとみんなで話していました」と燃えていた。

愛工大名電が白山に対して油断することなく、集中して猛攻を仕掛けた背景には、そんな選手たちの強い思いがあったのだった。

失策王の美技

初回に3点を許した白山だが、その後は岩田が粘投して愛工大名電を0点に封じていた。3回裏、4回裏にはショートの栗山が三遊間、二遊間のゴロを軽やかな足運びで好捕し、強肩を生かして打者走者を刺す好プレーで場内を沸かせた。

三重大会6試合で6失策を記録した栗山だが、気の抜けたようなイージーミスを犯す一方で、集中したときは誰もがうなるほど高度なプレーを見せることがある。この甲子園という大舞台で、栗山はそのポテンシャルを存分に発揮していた。

「僕が一番ビックリしましたよ。みんなが見たことないプレーばかりで、『もう二度とできやんな』と思います。球場が『うぉ～！』とメッチャ沸くし、乗っていけましたね。やっぱり普段はできないプレーができるのが甲子園なんやな……と思いました」

栗山の数々のファインプレーが球場内に白山びいきの雰囲気を作り始めていたが、愛工大名電打線も負けじと岩田を再びつかまえる。5回裏には1番・柳本、2番・西脇、3番・稲生の3連打で1点を追加。さらに5番・後藤と7番・堀内のタイムリーも続いてこの回4得点。白山は岩田が弾いてセカンド前方に転がった打球を栗山が素手で拾い、一塁で刺すスーパープレーも出たものの、点差は絶望的ともいえる7点に広がった。

マウンド上の岩田は愛工大名電の猛攻を受け、「これが甲子園に出る強豪か……」と打ちひしがれていた。

「あいつら、人間じゃないですよ。甘いところを1球も見逃さんし、2番に4番バッターみたいなヤツがおるし……。2球くらいセンター返しが頭に当たるかと思ったんですけど、打球が勝手に曲がってよけていきました」

指揮官の東も、ベンチでその脅威をひしひしと感じていた。

「ごまかしが利かないと思いました。三重にもタレントのいるチームはありますが、なんとかごまかしが利いて試合にはなるんです。でも、名電は勢いでどうにかなるレベルではありませんでした。全国レベルの打つチームのスイングを間近に見て、ものすごく参考になりました」

菰野の田中から4得点を奪い、自信を持っていた打撃も封じられた。先発左腕の室田には4回まで毎回安打を浴びせたが、5回から2番手の本格派右腕・秋山凌祐《りょうすけ》が登板するとピタッと勢いを止められた。東は秋山の投球に脱帽した。

「真っすぐが140キロ以上出るピッチャーは三重にもいましたけど、秋山は真っすぐと同じくらいのスピードで曲がる変化球があるんです。カットボールがあって、さらに落ちるチェンジアップもある。これは対応できやんだと思いました」

5回が終了した時点で0対7。阪神園芸の整備用トラクターと、整備具を手にした係員がグラウンドに入った。すでに18時を回ろうとしていた5回表から銀傘上部の照明灯が点灯し、ナイトゲームへと突入しようとしていた。

従来の甲子園大会なら、第4試合の5回終了時点で点差が離れていれば、観衆の多くは帰路につく。東が「5回まで競りたい」と考えた理由は、まず5回まで踏ん張らなければ球場が閑散とするため、白山を応援してもらう雰囲気が作れないと思ったからだ。

ところが東にとって意外なことに、この試合4万人と発表されたスタンドの観衆のほとんどが球場に留まっていた。東が「どうしたんやろう?」と疑問に思っているうちにグラウンド整備は終わり、6回表の攻撃が始まった。この回から一塁線と三塁線には外野審判が配備され、甲子園球場のすべての照明灯が点灯した。

この日、ここまで2打席0安打と封じられていた5番の伊藤は、きらめく照明灯を「きれいやな……」と眺めていた。

球場中から湧き上がる拍手

6回裏にも西脇の3安打目となるタイムリー二塁打を浴び、0対8というスコアで白山は8回表の攻撃を迎えた。

先頭の6番・駒田がサードゴロに倒れた後、この試合で初めて東は選手交代を告げる。7番の梶川に替えて、代打に2年生の強打者・河村を起用したのだ。河村は今まで経験したことのない大舞台に立ち、周囲を見回す余裕もないまま打席に入った。

「カットボールとか変化球がきたら仕方ない。真っすぐだけ狙っていこう」

そう考えていた河村の狙い通り、ストレートがきた。左打席で強振した河村の打球はセンター前へと飛んだ。白山にとっては4イニングぶり、投手が秋山に替わってからは初めてのヒットだった。

三塁コーチャーを務めていた刀根は、一塁側ベンチから東が自分を呼んでいることに気づいた。大観衆に囲まれ、声ははっきり聞き取れないものの、一塁ベース方向を指差している。どうやら「代走に行け！」と言っているようだった。

三塁コーチャーズボックスからホームベースの後ろから回って、一塁ベースへと向かう。代走のアナウンスが場内に流れ、4万人の大観衆が自分を見ていることを意識した。

「ふわふわして、何も考える余裕がありませんでした。目に入ってくる景色も、『そんなところを見ていると牽制でアウトになるかもしれん』と思って、見るのをやめました」

すると、秋山がセットポジションに入る直前に鋭くターンし、一塁に素早い牽制球を投げてきた。

刀根は慌ててヘッドスライディングで帰塁し、間一髪セーフになる。

「アウトかと思って、『ヤバイ』とひやひやしていました。それからはよけいに周りを見る余裕はなくなりましたね」

一塁側アルプススタンドでは、インターンシップ先の福山が「おぉ、あの刀根くんが甲子園の試合に出とる！」と興奮しながら、祈るように見守っていた。

なおも１死一塁で、右打席に入っていたのは７番の石田である。石田はここまでの２打席で三振とショートゴロに倒れていた。

「１打席目はアウトコースで三振、２打席目はインコースでやられていたので、３打席目は外にヤマを張っていました。もう真っすぐしか頭にありませんでした」

そんな石田の思惑通り、外角高めに甘いストレートがきた。石田が逆らわずにミートすると、打球はライト前にポトリと落ちた。白山にとってこの試合初めての連打である。

その瞬間、甲子園球場全体が揺れるほどの大歓声が沸き上がった。もはや声援を送っていたのは一塁側アルプススタンドだけではない。バックネット裏、外野席も白山の反撃に歓喜していた。どこからか手拍手が自然発生し、それは瞬時に球場全体に伝播していく。間違いなく、この日一番の盛り上がりだった。

一塁ベース上で、石田は今まで聞いたこともない大音量の拍手に呆然としていた。

「今までここまで応援してもらったことがなかったので、鳥肌が立ちました」

１６３センチの小さな体で、久居西中の軟式野球部では控え選手。どこにでもいるような球児だった自分が甲子園でヒットを打ち、大歓声を浴びているのだ。石田はその感触を全身で味わっていた。

三塁側の愛工大名電ベンチでは倉野が「俺たち、何か悪いことでもしたんじゃないか？」と冗談めかしながら、その異様な雰囲気を体感していた。ふと後ろのスタンドを振り返ると、三塁側の内野席に座ったファンまで拍手しているのが見えた。

「甲子園は8回、9回あたりになると、負けているチームを球場全体が応援することがあります。でも、その応援の広がり方が最近は変わってきた。10数年前のセンバツでは、ウチのチームが打つとまずウチのアルプススタンドが沸いて、それが内野スタンド、バックネット裏を通って、反対側の内野席、アルプス、外野席へ……と『ゴーッ！』と渦のように音が回っていった。それが今は、もう音が回らない。一瞬で球場全体に地響きがして、音が空に向かって一気に上がっていくんです」

一塁側ベンチでは、東も球場全体から湧き上がる大声援にすっかり舞い上がっていた。

「ベンチにいても歓声は感じましたし、これだけ点差が離れても応援されるチームになったんだなと思うとうれしかったですね……」

東はベンチにいる選手たちに声をかけた。

「一生覚えとけよ。こんだけの人が、お前らを応援してくれてんだぞ」

結局、白山は後続が倒れて得点を奪うことはできなかった。

8回裏からは山本を投入したものの、2本のソロ本塁打を打たれて最終的に点差は10点まで広がった。それでも18時58分にゲームセットのコールがかかったとき、甲子園球場の大観衆は再び白山の戦いぶりに惜しみない拍手を送ったのだった。

第12章

白山はなぜ甲子園に出られたのか

郷土のヒーローになった3年生

日が落ちるのが早くなり、小高い山々も色づき始めた。あんなに暑かった毎日が幻だったかのように、白山の空気は冷たく澄んでいた。

ガソリンスタンド「エネオス家城SS」に給油に訪れた客が、作業着を着た若い男性店員にいざなわれて車を停める。車窓を開けた客は、若い店員を見てハッと驚く。

「辻くんやんな?」

若い店員は「はい!」と元気よく返す。店員は夏まで白山野球部の主将を務めていた辻だった。

毎週金曜日の地元企業でのインターンシップは2学期も変わらず続いていた。

給油口へノズルを差す辻に、客は「甲子園は本当に頑張ったなぁ、おめでとう」とねぎらいの言葉をかける。辻はにっこりと笑って「地元のみなさんのおかげです。応援ありがとうございました」と応える——。

そんなシーンを店主の大西は夏以降、何度も目にしてきた。辻の堂々とした態度に大西は感心し、誇らしく思うのだった。

「辻くんは声をかけられても、いつも丁寧に『みなさんの応援が沁みました』とお礼を言っていました。白山の町自体に明るい見通しがないぶん、甲子園は町ぐるみで喜びました。私も古い白山高校OBだけど、野球部は学校の誇りになりましたよね」

甲子園から帰ってきた辻は「人前で話すことが増えたので、スピーチがうまくなりました」とおどける。野球部引退後も栗山とともに頻繁に練習に顔を出し、学校あてに要請がある地域のボランティア活動にも積極的に顔を出している。地元の子どもたちに囲まれ、「白山の辻くんや〜！」と騒がれることも珍しくなくなった。

辻は高校卒業後、山本とともに愛知県の大学に進学する予定だ。

「他のチームとは違うしんどさもありましたけど、最後はひとつにまとまることができました。あと、地域の方に声をかけてもらえることが、野球を頑張るモチベーションのひとつになりました。いい先生にも出会えたし、甲子園に出たからとかじゃなくて、白山に来てよかったです。まあ、お店は少ないですけどね」

自動車整備工場で白山高生を受け入れている福山は、夏以降にますます働きぶりに磨きがかかる刀根に目を細める。

「以前よりも人慣れした感じで、一皮むけた感じがあります。代走で甲子園に出て、度胸がついたのかもしれませんね」

刀根がますます意欲的に働くのは理由がある。卒業後、刀根は本格的に自動車整備士になるための専門学校に通うことにしたのだ。

「福山さんにいろいろと教えてもらって、いい勉強になりました。車の整備は奥が深いというか、面白いのでこの経験を卒業後も生かしていきたいです」

刀根の他にも、控え投手の吉岡は母と同じ美容師を目指すため、専門学校に通う予定だ。就職組は有森、石田、堀、梶川、神野。そして岩田も愛知県の企業に就職しつつ、軟式野球部で野球を続ける。

大学で硬式野球を続けるのは辻、山本に加えて、同じく愛知の大学に進む栗山、三重県内の大学に進む市川、伊藤だ。

栗山には、甲子園の後にプロ野球のスカウトから問い合わせがあったと東は明かす。

「指名したいとかそういうことではなかったんですけど、進路はどうするんですか？　という確認の連絡がありました。中学時代は誰も注目していなかったような選手でも、高校で伸びればプロに気にしてもらえるだけの選手になる。栗山みたいな埋もれている選手が、全国にたくさんいるんでしょうね」

栗山は「甲子園は過去の栄光なんで」と前を向き、すでに大学に向けて木製バットを振り込んでいる。

「メッチャ期待されると思うので応えないといけないし、他の人には負けられないと思ってやっています。大学でもっとすごいヤツと対戦して、成長したいですね」

市川の父・充洋は、甲子園から帰ってきた息子にこんな変化を感じるという。

「甲子園の試合が終わった後、バスで三重に帰っているときに京太郎からLINEが届いたんです。『野球を楽しめたし悔いはない。ここまで来たのは家族のおかげです』と書いてありました。バスのなかで泣けてきましたよ。甲子園から帰ってきたときは、覚悟ができたというか、男の顔になっていました。あらためて、甲子園はすごい場所なんやなと感じました」

一方、息子の京太郎は「お父さんには一生逆らえません」と苦笑しながら、家族への思いを語った。

「親が面倒で反抗した時期もあるんですけど、倍になって返ってくるので、もう仕方ないとあきらめました。今は弟の慶次朗が『俺も甲子園行ったんねん』と頑張っていますよ。僕より頭がいいので『俺は兄ちゃんみたいに受験に失敗しないから』なんて生意気なこと言ってますけどね」

2年夏まで退部騒動を繰り返した伊藤は、甲子園での一番の思い出は「堀が最終回に代打で出たこと」と語る。

「あいつがいなかったら、今頃学校をやめて働いていたんじゃないですか。堀も『甲子園で試合に出たい』と話していたので、メッチャうれしかったですね」

自分のことよりも親友の晴れ舞台を心から喜ぶ。たとえ甲子園に出ても、堀や市川から「優しいヤツ」と評される伊藤は変わらなかった。そして、伊藤は高校生活を振り返ってしみじみとこう語るのだった。

「東先生に出会っていなかったら誰からも見捨てられて、大学で野球を続けることはまずなかったと思います。本当に感謝しています。それと育ててくれたジイちゃん、バアちゃん、うっとうしい時期もありましたけど母さんにも感謝しています」

甲子園の土を踏んだ3年生13人は、それぞれの道を歩み始めている。

新チームと指導者の再スタート

8月11日の夜に愛工大名電に敗れた白山は、翌12日に白山に戻り、13日には早くも伊賀白鳳との練習試合に臨んでいた。

新チーム最初の練習試合は4対8、8対10と連敗。入学直後から実戦経験を積んでいた3年生とは違い、1、2年生は部員が多いとはいえ経験の浅い選手が大半である。9月15日の秋季県大会1

回戦では、鈴鹿に2対5で敗退。春のセンバツに向けた戦いは、新チーム結成からわずか1カ月で終わりを告げた。東は「なかなかうまいこといかないまま、終わってしまった」と振り返る。

「甲子園は初戦で負けて、お盆前には白山に帰ってきたので県大会は間に合うかなと思っていたんです。『甲子園に出ると新チームは時間が足りない』とよく言われますけど、こういうことなんかと実感しました。いくら練習試合を入れても足りないですよ」

新チームの主将には、フィリピン国籍のパルマ・ハーヴィーが就いた。

「地元の人に声をかけられて『頑張ろう』と背筋が伸びる感じはあります。秋は結果が出なくて裏切ってしまいましたけどね。3年生が抜けて、今は実力も精神力も団結力もすべて足りないと思います。3年生は『ここぞ』という場面で強かったですが、新チームは誰かがやらないと行動しないし、ミスをしたら落ち込んでしまう。1、2年生は自分の素の部分を内に秘めているヤツが多い気がしますね」

唯一の2年生レギュラーだった駒田は、秋からショートにコンバートされた。駒田は「ライトよりもやることが多くて忙しいけど面白いです」と言いつつ、相変わらず大きい声を出すのは苦手だと告白する。走攻守に能力の高い駒田が、辻や栗山のようなチームの核になれるか。東はそこが新チームのカギになると見ている。

甲子園で代打安打を放った河村は、新チームでは主軸に座っている。聖地で得た経験について、河村は嬉々としてこう語る。

「あれだけの大事な場面でプレーできたことは自信になりました。あんな大観衆を経験したので、今は多少のことではビビらなくなりました。中学時代、『白山ってどこだよ』とちょっとバカにされていたんですけど、今では『見たか！』という感じです」

グラウンドには頻繁に業者が出入りし、外野フェンスの奥で測量する光景も見られた。東は「外野に大きなスコアボードを建ててもらえるんです」とうれしそうだ。

「今までベニヤ板のスコアボードを使っていたんです。台が壊れたんで、バックネット裏の地べたに置く形で。他にも甲子園実行委員会のおかげで設備を増やせそうなんですけど、手配を全部自分でやらないといけないので、面倒くさいですけどね」

甲子園に出る以前から決まっていたことだが、三塁側の低すぎるフェンスも増築されることになった。今まで頻繁にファウルボールが飛び出し、営農組合の車や窓ガラスに直撃してきたが、これで岩崎も安心して作業に精を出せるはずだ。

さらに白山の取り組みに感銘を受けた企業から、ピッチングマシンが贈呈されるというサプライズもあった。コーチの諸木は「もうバッピ（打撃投手）をしなくてすみます」と笑った。

その諸木は、甲子園へと躍進したチームと並行するように人生の転機を迎えていた。今年も教員採用試験に挑戦していたのだ。東の配慮で公式戦のベンチからは外れ、試験に向けて勉強する時間を増やしてもらった。三重大会3回戦の菰野戦当日は試験日と重なり、試験会場近くの喫茶店で速報をチェック。勝利を知って雄叫びをあげ、試験へと向かった。面接では、話題になっている白山野球部についての質問もあったという。

「あいつらに本当に力をもらいましたし、後押ししてもらいました。自分ひとりの力じゃないんやとあらためて感じましたね」

そして、諸木は体育科の20倍を超える倍率の狭き門を突破し、37歳にして三重県の教員に採用されたのだった。諸木は「選手たちには『お前らのおかげや』と感謝を伝えました」と言う。ただ、2019年の新年度から諸木は白山を離れることになるだろう。白山にとっては大きな痛手だが、諸木は「今度は自分が監督として甲子園に行きたいですね」と闘志を燃やす。そんな諸木に東は「白山でできたんやから、どこに行っても大丈夫」と太鼓判を押す。

それぞれの変化と未来

東に多くの助言を送った奥村は、野洲から八日市に異動して1年目。現在は副部長として、再び進学校の野球部を指導することになった。

「野洲と違って、最初から1学年あたり17〜18人はいるので悪い環境ではないですよ。でも、学力がハードルになっていく可能性はありますよね。勉強ができて野球もできる中学生は、私学が特待生でとってしまうでしょうし」

奥村が抜けた野洲の監督に就いたのは、野洲のコーチとして奥村とともに東を励ましてきた橋元である。37歳の橋元は鉄道マンという本業を持ちながら、さらに比叡山高校出身の僧侶としての顔もある。「運転士、坊さん、監督の三刀流ですわ」と笑いながら、部長の堀田拓海ら若いスタッフと新生・野洲の強化に取り組んでいる。

野洲の監督室にあるソファーを指差しながら、橋元は言った。

「5年前に東先生はそこで『白山かぁ……』と頭を抱えていたんやからなぁ。菰野戦に勝ってからは、毎試合勝つたびに東先生にメールしましたよ。忙しいやろうに『奥村さんや橋元さんのおかげです』と返信してくれて、義理堅い人やなぁと感じました。もう雲の上の人やけど、雲のなかまで追いかけていかなアカンな」

白山が甲子園に出場した後、津シニアの道原の元には多くの祝福の電話やメールが殺到したという。

「中学時代は3番手だったような選手しか集まらないなかで、まさか甲子園やなんて。いろんな人から『おめでとう』と言ってもらえて、OBでもないのに私まで泣けてきましたよ。東監督からも連絡をいただいて『ホントに道原さんのおかげです』と言ってもらえて、メチャクチャうれしかったです」

大会後、道原の元には津シニアOBで甲子園では背番号18をつけてベンチ入りした吉岡が挨拶に訪れた。

「甲子園の土を汚い小瓶に入れて持ってきましたよ。『もっといい入れもんに入れればいいのに』と思いましたけど、うれしかったですね。瓶にはまた汚い字で『吉岡』と書いてあってねぇ……」

そう言って、道原は目を細めるのだった。

夏に白山に敗れたチームも、それぞれの新たなスタートを切っている。菰野の戸田は「まさかあそこで負けるとは思わなかった」という白山戦の敗戦を経て、新チームは岡林を中心としたチーム作りを始めた。「優勝には絡めないと思った」と自信のないまま秋の県大会に入ったが、決勝戦で三重高に10対0で大勝するなど優勝を飾った。

「キャッチャーが練習試合でミスすることが多くて弱点やったんやけど、県大会で成長してほとんどミスせんようになった。そうすると岡林も連打されるピッチャーやないから、勝てるようになったね。でも、東海大会ではまたミスが出てすぐ負けてしまったから、まだ本物の力ではないということやろうね」

伊藤に手痛い決勝本塁打を浴びた菰野のエース・田中は、10月25日のドラフト会議で広島から5位指名を受け、プロの世界へと進むことになった。

「白山に負けた瞬間は、何も考えられないくらいショックでした。去年も今年も自分のせいで負けて、一生忘れられない試合のひとつになりました。プロでは早くカープ色に染まって、片親で僕たち三兄弟を育ててくれた母に親孝行したいですね」

三重大会決勝戦で白山に敗れた松阪商の冨山は「三重で一番悔しい思いをしたのはウチや」と、敗戦翌日から練習したという。8月17日には早くも白山と練習試合を組み、1勝1敗だった。64歳の冨山の情熱は衰えることを知らない。

「負けることが原動力になる。心血を注ぐから悔しさがあるし、勝つから達成感があるんや。たぶん甲子園に行っていたら、監督をやめていたやろうね。金も名誉も残らんけど、生徒は残る。60過ぎの者と16〜18歳の人間が通じ合うんやから。その快感は金には代えがたいし、普通の人には理解できないものなんちゃうかな」

白山高校の校長を務める赤塚は2学期の始業式の朝、登校指導に立って生徒たちの変化を感じたという。

「自分から進んで教師の目を見て挨拶ができる生徒が増えたように感じたんです。野球部の生徒たちが大舞台であんなに立派にプレーできたことを目の当たりにして、『自分もやればできる』という心境に変わったのではないでしょうか」

地域からの反響も大きかった。赤塚は「会う人会う人に『ありがとうございました』と言ってもらえるのでうれしいです」と顔をほころばせる。

とはいえ、甲子園フィーバーが過ぎ去った白山町はすっかり平穏を取り戻している。自動車整備工場の福山は言う。

「もうすっかり、元の過疎地ですよ。甲子園の試合中、どこかのテレビ局が白山の町を映して『見てください、町から人が消えました！』なんてやっていたけど、『それはいつもや！』って言いたいですよ」

自治会長の高尾は白山高校の甲子園出場で地域が一体となったエネルギーを感じつつも、「過疎は避けられない」と現実を見据える。

「若い子は利便性を求めて都市部に行きますから、過疎地は白山に限らず全国にたくさんありますし、打開するのはなかなか難しいと思います。これからは『お互いの顔が見える地域』として、地域住民同士が助け合って生活していくことが我々にできることなのかなと。甲子園で寄付を募ったときも、隣人の顔もわからないような横のつながりがなければ、こんなに地域が動けなかったと思いますから」

一方で、白山高校の甲子園出場に地域再興への希望を見たのが、これまで何度も地域おこしに失敗してきた洋品店・やまちょうの園である。

「パブリックビューイングで地域のみんなが損得関係なしに応援したあの空気感を見て、『これが地域おこしなんや！』と感じました。まだ形にはできていませんが、野球を何か別のものに置き換えたら地域おこしはできる。そのイメージを野球部の子らに教えてもらったような気がします」

商工会の青年部は定期的に勉強会を開くなど地道な取り組みが功を奏してか、部員が5人から8人へと微増した。園は「部員5人からのスタートって、そのまま白山高校の野球部みたいですよね」と笑った。

白山はなぜ甲子園に出られたのか

11月25日、白山は2018年最後の練習試合を行った。相手は強豪・三重高である。バックネット裏や一塁側の観覧席には地元の住民も集まり、そのなかにはクリーニング店の畑の姿もあった。
「今年はこれで見納めなんです」と畑は寂しそうだ。

地域の鼻つまみ者だった白山高校は、今や地域に応援される高校へと変わりつつある。だが、白山に赴任して6年目の東はこんな見方をしている。
「僕は生徒が変わったというより、地域のみなさんの見方が変わったと思うんです。甲子園に行く前から、生徒たちは挨拶もしていましたし、やることはやっていたんです。でも、結果が出て、『白山』という名前が広く報道されるようになって、地域が変わったように感じます」

甲子園から帰ってきた東の元には、さまざまなものが舞い込んだ。もっともうれしかったのは、過疎地の学校や教育困難校など、同じような環境で奮闘する教員が白山まで見学に訪れたり、励ましの手紙を送ってくれることだった。

そして、「なぜ白山は甲子園に出られたのか」というテーマで講演してほしいという依頼も多数舞い込んでいる。だが、そんな依頼が届くたびに、東は自問自答する。

「なんで白山が甲子園に出られたのか……、そんなの俺でもわからへんのに」

白山高校が甲子園に出られた理由。今も東はそのことを考え続けている。

「菰野に勝って、あれよあれよと勢いで甲子園に行ってしまった。菰野を倒そうとはしていましたが、野球も生活もきっちりした学校というわけではない。ウチが出てよかったんかな……という思いは今でもありますからね」

自己肯定感の低い生徒、家庭環境の複雑な生徒、ごく普通の会話や常識が通じない生徒。彼らに野球を通じて成長へと導いた自負は当然ある。伊藤や市川のような、強豪校なら手に負えないような問題児にも根気強く指導してきた結果、彼らがチームを土壇場で救ってくれた。「我慢してよかった」という達成感はある。だが、甲子園に行くだけの取り組みをしてきたかというと、東は急に心細くなってしまうのだった。

選手たちも充足感がある裏に、潜在的に同様の疑問を抱いている。松阪商戦のラストバッターのサードゴロを処理した際、打者走者と目が合って「投げたくない」と思ったという岩田は、こうも語っている。

「みんな甲子園なんて夢にも思っていなかったんです。『甲子園に行きたい』と言うてもないヤツが、本気で甲子園に行きたい人の夢を潰したわけやないですか。冷静に考えると最悪やなと思いますし、変な感じなんですよね。もちろん、勝つために一生懸命頑張ってきたんですけどね」

白山にとっては、達成感と罪悪感がないまぜになった甲子園初出場だったのだ。

その一方で、東は甲子園に出たことで、あらためて高校野球の影響力を思い知った。

「周りの人を喜ばせて、地域全体を巻き込む力が高校野球にはあるんやと感じました。我慢して、強くなって、こんな田舎の学校でも甲子園に出られた。それが、こんなにも多くの人を笑顔にする……。これはアリやなと思うんです。神様が『こういうチームも1個は出しとかなアカン』と思って、甲子園に出してくれたんですかねぇ」

ただ、甲子園に出て東が得たものは無垢な喜びだけではなかった。むしろ「違和感」を覚えることのほうが多かった。

「いい世界を見せてもらったんですけど、正直に言って甲子園は『作られた私学の大会やな』と感じてしまったんです。いろんな監督さんとお話をさせてもらうなかで、『どうやったら強くなるんですか？』とお聞きすると、『とにかく体を大きくして、バットを振り込ませろ……』みたいな話になる。ようはいい素材を獲って、育てれば勝手に強くなるということじゃないですか。もちろん、そういう学校があるのはアリやし、僕らも練習試合したいと思いますよ。でも、自分たちがそういう学校になりたいかと言うと、それは違うんです。人の生き方がそれぞれあるように、学校もいろんな役割の学校があるということなんでしょうね」

今後の自分の方向性に悩み、指導者仲間に相談することも増えた。奥村は東にこう伝えたという。

「甲子園が終わった後に飲んでいるとき、東くんに『僕はこれから何をしたらいいんですか？』と聞かれたので、『簡単やで』と言ったんです。『赴任したときの気持ち、原点を忘れないことやで』とね」

いなべ総合学園の尾崎もまた、独特の表現でこう語っている。

「いいものを食べた後は、お茶漬けを食べておくこと。ようは、甲子園を忘れるということや。私も32歳で初めて甲子園に出て、それまでの10年間を忘れてしまった。それで次に行くまで8年かかったからね。人間、いい車に乗った後は軽自動車には乗れないじゃないですか。華やいだ世界にいたことをなかったことにはできないもんや。東くんはええ人間やし、また素晴らしいチームを作れるはずですよ」

三重高との練習試合最終戦は、意外にも白山が優位に試合を進めて3対2で9回裏を迎えた。ところが、大事な場面でミスが続き、白山は自滅に近い形で3対4と逆転サヨナラ負けを喫する。だが、東の表情は意外にも明るかった。

「三重高を相手にここまで戦えるとは思っていなかったので、よかったですね。去年の秋も最終戦で三重高とやって、同じような負け方をしたんです。だから新チームもいい感じで自信と悔しさを持って、冬の練習ができるんやないですか」

まだ答えは見えない。だが、東はだからこそ、と力を込めてこう言った。

「やっぱりもう1回、甲子園に行かなアカンですね。正真正銘の実力で……となるとメチャクチャ難しいと思うんですけど、挑戦していかないといけない。行って、偶然やなかったと証明せなアカン」

日が落ち、すっかり暗くなった白山高校野球部のグラウンド。周囲に視界を遮る高い建物がなく広く見渡せる空には、無数の星が鮮明な光を放っていた。

東監督就任後の白山高校野球部の戦績

※太字は公式戦。▒▒▒はBチーム戦

2013-2014年度

7	25	白山・伊賀白鳳	○	5-4	津工業	白山G
		白山・伊賀白鳳	●	1-2	津工業	白山G
	27	白山・伊賀白鳳	●	1-13	亀山高校	安濃球場
		白山・伊賀白鳳	○	13-6	亀山高校	安濃球場
	29	白山・伊賀白鳳	●	4-5	久居高校	久居G
		白山・伊賀白鳳	●	1-13	久居高校	久居G
	31	白山・伊賀白鳳	●	8-13	松阪商業	松商G
		白山・伊賀白鳳	●	3-6	松阪商業	松商G
8	2	白山・伊賀白鳳	○	2-1	明野高校	白山G
		白山・伊賀白鳳	○	4-2	明野高校	白山G
	5	白山・伊賀白鳳	○	4-2	岡山明誠(岡山)	白山G
	6	白山・伊賀白鳳	○	3-0	岡山明誠(岡山)	白山G
		白山・伊賀白鳳	●	1-4	岡山明誠(岡山)	白山G
	8	白山・伊賀白鳳	○	4-2	水産高校	白山G
		白山・伊賀白鳳	○	6-2	水産高校	白山G
	9	白山・伊賀白鳳	○	9-4	菊華高校(愛知)	菊華G
		白山・伊賀白鳳	●	2-21	菊華高校(愛知)	菊華G
	12	白山・伊賀白鳳	○	4-2	桑名高校	白山G
		白山・伊賀白鳳	○	4-2	桑名高校	白山G
	14	白山・伊賀白鳳	●	3-7	桑名北高校	白山G
		白山・伊賀白鳳	○	4-0	桑名北高校	白山G
	17	白山・伊賀白鳳	○	4-0	日生第一	名張市営
	18	白山・伊賀白鳳	○	5-4	名張桔梗丘	名張市営
	21	白山・伊賀白鳳	●	5-9	近大高専	名張市営
	24	白山・伊賀白鳳	○	7-3	名張高校	名張市営
	26	白山・伊賀白鳳	●	5-10	上野高校	名張市営
	31	白山・伊賀白鳳	○	9-4	日生第一	桔梗丘G
9	1	白山・伊賀白鳳	●	3-4	名張高校	名張市営
	14	白山・伊賀白鳳	○	3-1	神戸高校	神戸G
		白山・伊賀白鳳	○	11-10	神戸高校	神戸G
	22	白山・伊賀白鳳	△	4-4	松阪工業	松工G
		白山・伊賀白鳳	●	5-11	松阪工業	松工G
	23	白山・伊賀白鳳	△	2-2	久居高校	久居G
		白山・伊賀白鳳	●	6-7	久居高校	久居G
	28	白山・伊賀白鳳	●	2-5	松阪商業	明野G
		白山・伊賀白鳳	●	1-3	明野高校	明野G
	29	白山・伊賀白鳳	○	8-6	飯南高校	白山G
		白山・伊賀白鳳	●	8-9	飯南高校	白山G
10	5	白山・伊賀白鳳	○	8-5	名張高校	白山G
		白山・伊賀白鳳	○	7-5	名張高校	白山G
	6	白山・伊賀白鳳	○	14-13	名張西高校	名西G
		白山・伊賀白鳳	●	3-4	大宇陀高校(奈良)	名西G
	12	白山・伊賀白鳳	●	4-10	朝明高校	白山G
		白山・伊賀白鳳	○	16-3	朝明高校	白山G
	13	白山・伊賀白鳳	●	3-9	久居農林	農林G
		白山・伊賀白鳳	○	2-1	久居農林	農林G
	19	白山・伊賀白鳳	○	3-2	東灘高校(兵庫)	東灘G
		白山・伊賀白鳳	○	6-5	東灘高校(兵庫)	東灘G

2013年度

4	14	白山高校	●	1-5	高田高校	高田G
		白山高校	●	4-8	高田高校	高田G
	20	白山高校	●	1-8	名張桔梗丘	上野G
		白山高校	△	3-3	上野高校	上野G
	27	白山高校	●	1-6	伊賀白鳳	白山G
		白山高校	●	2-10	桑名北高校	白山G
	28	白山高校	●	5-7	久居高校	久居G
	29	白山高校	○	7-6	亀山高校	白山G
		白山高校	●	8-13	亀山高校	白山G
5	3	白山高校	●	4-12	津商業	白山G
	5	白山高校	●	4-13	四日市西	四西G
		白山高校	●	6-11	四日市西	四西G
	6	白山高校	●	4-7	四日市中央工業	四中工G
		白山高校	○	11-7	四日市中央工業	四中工G
	12	白山高校	●	0-27	明野高校	明野G
		白山高校	●	0-13	明野高校	明野G
	19	白山高校	●	2-12	桑名高校	稲生G
		白山高校	△	5-5	稲生高校	稲生G
	24	白山高校	●	5-10	尾鷲高校	尾鷲市営
		白山高校	●	4-27	尾鷲高校	尾鷲市営
	26	白山高校	●	4-6	水産高校	白山G
		白山高校	●	3-7	水産高校	白山G
6	1	白山高校	●	4-14	津工業	白山G
		白山高校	●	3-9	津工業	白山G
	2	白山高校	●	1-22	名張西高校	名西G
		白山高校	●	4-10	名張西高校	名西G
	8	白山高校	●	0-6	伊賀白鳳	白山G
		白山高校	●	4-8	伊賀白鳳	白山G
	9	白山高校	●	6-9	上野高校	上野G
		白山高校	○	10-7	上野高校	上野G
	15	白山高校	●	4-5	名張高校	名張市営
		白山高校	○	4-2	名張高校	名張市営
	16	白山高校	●	2-7	伊勢工業	伊勢工G
		白山高校	△	7-7	相可高校	伊勢工G
	22	白山高校	●	1-5	松阪工業	飯南G
		白山高校	●	0-2	飯南高校	飯南G
	23	白山高校	●	3-10	洛西高校(京都)	洛西G
		白山高校	●	3-11	洛西高校(京都)	洛西G
	29	白山高校	△	2-2	朝明高校	白山G
		白山高校	○	7-4	朝明高校	白山G
	30	白山高校	○	18-3	日生第二	日生G
		白山高校	○	10-1	日生第二	日生G
7	6	白山高校	●	3-7	神戸高校	安濃球場
		白山高校	●	8-10	神戸高校	安濃球場
	7	白山高校	●	1-3	亀山高校	桑北G
		白山高校	●	8-11	桑名北高校	桑北G
	14	白山高校	●	2-12	紀南高校	松阪球場

47試合7勝36敗4分

5	11	白山高校	●	4-5	豊田大谷(愛知)	白山G
	18	白山高校	●	4-10	京都すばる(京都)	白山G
		白山高校	●	5-9	名張桔梗丘	白山G
	24	白山高校	●	4-8	菰野高校	菰野G
		白山高校	●	4-14	愛産大三河(愛知)	菰野G
	30	白山高校	●	2-3	伊賀白鳳	白山G
		白山高校	●	1-3	尾鷲高校	白山G
6	1	白山高校	●	9-10	市立神港(兵庫)	白山G
		白山高校	●	0-10	津工業高校	白山G
		白山高校	●	0-10	津工業高校	白山G
	7	白山高校	●	4-11	上野高校	上野G
		白山高校	●	0-12	至学館(愛知)	上野G
	8	白山高校	○	8-7	野洲高校(滋賀)	白山G
		白山高校	○	7-3	野洲高校(滋賀)	白山G
	14	白山高校	●	2-12	大垣商業(岐阜)	大商G
		白山高校	○	6-4	大垣商業(岐阜)	大商G
	15	白山高校	●	0-8	起工業(愛知)	起工G
		白山高校	●	10-11	起工業(愛知)	起工G
	22	白山高校	●	0-11	四日市中央工業	四中工G
		白山高校	●	3-22	四日市中央工業	四中工G
	28	白山高校	●	3-8	伊賀白鳳	白鳳G
		白山高校	●	0-1	伊賀白鳳	白鳳G
7	4	白山高校	●	3-8	松阪商業	松商G
		白山高校	●	2-3	松阪商業	松商G
	5	白山高校	△	2-2	水産高校	白山G
		白山高校	○	7-5	桑名北高校	白山G
	6	白山高校	○	2-1	朝明高校	白山G
		白山高校	●	4-8	朝明高校	白山G
	10	白山高校	●	0-5	白子高校	白子G
	20	白山高校	●	2-11	津工業高校	津市営

124試合45勝73敗5分

2014-2015年度

7	26	白山高校	●	4-10	上野高校	白山G
		白山高校	○	6-5	上野高校	白山G
	28	白山高校	●	5-12	亀山高校	白山G
		白山高校	○	12-4	亀山高校	白山G
	30	白山高校	●	0-11	京都廣学館	京都G
		白山高校	●	0-13	京都廣学館	京都G
8	1	白山高校	●	6-10	橿原学院(奈良)	桔梗G
		白山高校	△	1-1	名張桔梗丘	桔梗G
	3	白山高校	●	0-6	松阪商業	松商G
		白山高校	●	0-6	松阪商業	松商G
	5	白山高校	△	6-6	朝明高校	白山G
		白山高校	●	1-14	京都すばる(京都)	白山G
	6	白山高校	●	7-8	中津川工業(岐阜)	白山G
		白山高校	●	2-3	平城高校(奈良)	白山G
	8	白山高校	●	2-10	伊勢高校	白山G
		白山高校	△	3-3	伊勢高校	白山G
	14	白山高校	●	2-3	上野高校	上野G
	17	白山高校	○	4-3	津工業	農林G
	18	白山高校	●	1-4	津東高校	久居G
	21	白山高校	●	0-3	高田高校	高田G
10	26	白山·伊賀白鳳	●	1-7	津工業	白山G
		白山·伊賀白鳳	○	2-1	津工業	白山G
	27	白山·伊賀白鳳	●	3-7	日生第一	白山G
		白山·伊賀白鳳	○	13-12	日生第一	白山G
11	2	白山·伊賀白鳳	○	4-2	白子高校	白子G
		白山·伊賀白鳳	○	13-12	四日市商業	白子G
	3	白山·伊賀白鳳	●	4-5	名張桔梗丘	桔梗G
		白山·伊賀白鳳	○	9-7	名張桔梗丘	桔梗G
	4	白山·伊賀白鳳	●	2-4	亀山高校	白山G
		白山·伊賀白鳳	●	1-8	亀山高校	白山G
	9	白山·伊賀白鳳	○	7-6	上野高校	白山G
		白山·伊賀白鳳	○	5-2	上野高校	白山G
	10	白山·伊賀白鳳	●	2-8	日野高校(滋賀)	日野G
	17	白山·伊賀白鳳	●	2-9	高田高校	高田G
		白山·伊賀白鳳	△	2-2	久居高校	高田G
	23	白山·伊賀白鳳	●	1-6	伊勢高校	白山G
		白山·伊賀白鳳	●	2-8	伊勢高校	白山G
	24	白山·伊賀白鳳	○	7-2	津西高校	白山G
		白山·伊賀白鳳	○	1-0	津西高校	白山G
3	8	白山·伊賀白鳳	●	4-10	明野高校	明野G
		白山·伊賀白鳳	●	5-8	明野高校	明野G
	9	白山·伊賀白鳳	○	5-3	神戸高校	白山G
		白山·伊賀白鳳	○	6-4	神戸高校	白山G
	15	白山·伊賀白鳳	△	3-3	宇治山田高校	白山G
		白山·伊賀白鳳	●	1-3	宇治山田高校	白山G
	16	白山·伊賀白鳳	●	6-14	大垣北高校(岐阜)	四郷G
		白山·伊賀白鳳	●	3-4	四日市四郷高校	四郷G
	19	白山·伊賀白鳳	△	3-3	津工業高校	白山G
		白山·伊賀白鳳	●	3-5	津工業高校	白山G
	22	白山·伊賀白鳳	●	1-7	近大高専	名張市営
	26	白山·伊賀白鳳	●	7-9	名張桔梗丘	名張市営
4	5	白山·伊賀白鳳	●	0-12	久居農林高校	農林G
		白山·伊賀白鳳	●	0-7	久居農林高校	農林G
	6	白山·伊賀白鳳	●	0-7	白子高校	白子G
		白山·伊賀白鳳	●	2-9	至学館(愛知)	白子G
	12	白山·伊賀白鳳	●	3-10	桑名高校	安濃球場
		白山·伊賀白鳳	●	11-12	桑名高校	安濃球場
		白山·伊賀白鳳	●	6-13	桑名高校	安濃球場
	19	白山高校	●	1-12	飯南高校	白山G
		白山高校	●	4-10	飯南高校	白山G
	20	白山·伊賀白鳳	●	4-5	桑名北高校	桑名北G
	26	白山高校	○	4-2	亀山高校	白山G
		白山高校	○	2-1	亀山高校	白山G
	27	白山高校	●	11-27	鳥羽高校	白山G
		白山高校	●	6-14	鳥羽高校	白山G
5	3	白山高校	●	2-4	名張高校	白山G
		白山高校	●	3-11	名張高校	白山G
	5	白山高校	○	3-2	上野高校	白山G
		白山高校	○	8-7	上野高校	白山G
	6	白山高校	●	1-12	岐山高校(岐阜)	岐山G
		白山高校	●	1-28	岐山高校(岐阜)	岐山G
	10	白山高校	●	5-15	日野高校(滋賀)	日野G
		白山高校	●	1-28	日野高校(滋賀)	日野G
	11	白山高校	○	1-0	豊田大谷(愛知)	白山G

3	25	白山高校	●	0-9	津高校	農林G
	27	白山高校	●	1-8	久居高校	久居G
		白山高校	●	4-5	久居高校	久居G
	31	白山高校	●	1-4	尾鷲高校	尾鷲市営
		白山高校	○	16-12	尾鷲高校	尾鷲市営
4	2	白山高校	●	3-5	津工業	白山G
		白山高校	●	1-3	津工業	白山G
	3	白山高校	●	1-14	津工業	白山G
		白山高校	●	0-15	津工業	白山G
	6	白山高校	●	4-5	上野高校	上野市営
		白山高校	●	3-5	上野高校	上野市営
	7	白山高校	●	4-9	伊賀白鳳高校	白山G
		白山高校	●	3-5	伊賀白鳳高校	白山G
	11	白山高校	○	3-2	菰野高校	白山G
		白山高校	●	3-7	菰野高校	白山G
	12	白山高校	●	3-7	神戸高校	白山G
		白山高校	●	2-3	神戸高校	白山G
	18	白山高校	●	2-19	松阪工業	白山G
		白山高校	○	7-3	松阪工業	白山G
	19	白山高校	●	1-10	南山高校（愛知）	白山G
		白山高校	●	2-3	南山高校（愛知）	白山G
	25	白山高校	●	1-11	野洲高校（滋賀）	野洲G
		白山高校	●	1-6	桑名北高校	野洲G
	26	白山高校	●	6-11	津高校	津高G
		白山高校	○	4-3	津東高校	津高G
	29	白山高校	○	1-0	草津高校（滋賀）	草津G
		白山高校	●	6-7	草津高校（滋賀）	草津G
5	2	白山高校	○	3-1	久居高校	白山G
	3	白山高校	●	6-15	岐山高校（岐阜）	岐山G
		白山高校	●	1-8	岐山高校（岐阜）	岐山G
	5	白山高校	●	1-13	大垣商業（岐阜）	大商G
		白山高校	●	3-15	大垣商業（岐阜）	大商G
	6	白山高校	○	4-3	朝明高校	白山G
		白山高校	●	5-6	朝明高校	白山G
	9	白山高校	○	5-2	津商業高校	白山G
		白山高校	●	3-7	津商業高校	白山G
	10	白山高校	●	3-4	平城高校（奈良）	平城G
		白山高校	●	0-16	汎愛高校（大阪）	平城G
	17	白山高校	●	3-4	白子高校	白子G
		白山高校	●	4-5	桑名北高校	白子G
	23	白山高校	●	1-16	木本高校	木本G
		白山高校	●	0-4	木本高校	木本G
	24	白山高校	●	0-10	四日市四郷	四郷G
		白山高校	●	0-2	四日市四郷	四郷G
	29	白山高校	○	9-6	尾鷲高校	尾鷲G
		白山高校	●	0-9	尾鷲高校	尾鷲G
	30	白山高校	●	6-13	市立神港（兵庫）	白山G
		白山高校	●	0-5	津工業高校	白山G
6	6	白山高校	●	0-2	岩津高校（愛知）	白山G
		白山高校	△	3-3	岩津高校（愛知）	白山G
	7	白山高校	●	2-6	熊野高校（和歌山）	明野G
		白山高校	○	10-8	明野高校	明野G
	13	白山高校	●	1-12	一条高校（奈良）	一条G
		白山高校	●	3-14	一条高校（奈良）	一条G

8	24	白山高校	●	5-6	津工業	久居G
	29	白山高校	●	9-10	近大高専	白山G
		白山高校	●	3-5	近大高専	白山G
	31	白山高校	●	1-2	津高校	津G
		白山高校	●	1-17	津高校	津G
9	1	白山高校	○	4-1	津工業	白山G
	6	白山高校	○	10-4	日生第二高校	日生G
	7	白山高校	△	6-6	名張高校	白山G
		白山高校	●	7-14	菰野高校	白山G
	13	白山高校	●	1-6	高田高校	白山G
		白山高校	●	1-9	高田高校	白山G
	14	白山高校	●	2-10	津東高校	白山G
		白山高校	●	4-6	津東高校	白山G
	15	白山高校	●	3-18	南山高校（愛知）	白山G
		白山高校	○	17-3	南山高校（愛知）	白山G
	21	白山高校	●	4-13	松阪工業高校	松工G
		白山高校	●	5-12	松阪工業高校	松工G
	23	白山高校	●	4-11	神戸高校	白山G
		白山高校	●	2-6	上野高校	白山G
	27	白山高校	●	0-6	海津明誠（岐阜）	海津G
		白山高校	●	1-20	海津明誠（岐阜）	海津G
	28	白山高校	●	0-8	四日市四郷高校	白山G
		白山高校	△	4-4	四日市四郷高校	白山G
10	4	白山高校	○	6-5	津工業	白山G
	11	白山高校	●	3-10	津東高校	白山G
	12	白山高校	●	1-8	四日市商業高校	四商G
		白山高校	●	1-7	四日市商業高校	四商G
	18	白山高校	△	7-7	新宮高校（和歌山）	白山G
		白山高校	●	4-5	水産高校	白山G
	19	白山高校	●	0-1	京都文教（京都）	白山G
		白山高校	●	0-10	京都文教（京都）	白山G
	25	白山高校	●	3-10	桑名高校	白山G
		白山高校	●	1-6	桑名高校	白山G
	26	白山高校	●	3-11	朝明高校	朝明G
		白山高校	△	7-7	朝明高校	朝明G
11	3	白山高校	●	4-7	亀山高校	白山G
		白山高校	○	5-4	亀山高校	白山G
	8	白山高校	●	5-8	伊賀白鳳高校	白山G
		白山高校	●	5-6	伊賀白鳳高校	白山G
	9	白山高校	●	0-5	四日市南高校	白山G
		白山高校	●	8-14	四日市南高校	白山G
	16	白山高校	●	0-8	橿原高校（奈良）	白山G
		白山高校	●	1-12	貴志川（和歌山）	白山G
	22	白山高校	●	12-13	伊勢高校	白山G
		白山高校	●	6-7	菰野高校	白山G
	24	白山高校	●	1-22	奈良大附属（奈良）	奈良大G
		白山高校	●	1-26	奈良大附属（奈良）	奈良大G
3	8	白山高校	●	4-5	久居農林	白山G
		白山高校	○	21-4	久居農林	白山G
	15	白山高校	●	7-8	日野高校（滋賀）	白山G
		白山高校	○	3-1	日野高校（滋賀）	白山G
	17	白山高校	●	3-13	津商業	白山G
	18	白山高校	○	7-6	亀山高校	安濃球場
	21	白山高校	●	0-9	津東高校	高田G

9	21	白山高校	○	10-6	名張高校	名張G
		白山高校	●	5-8	津東高校	名張G
	22	白山高校	○	4-1	朝明高校	桑工G
		白山高校	●	3-5	桑名工業高校	桑工G
	26	白山高校	●	0-4	白子高校	白子G
		白山高校	○	18-2	南伊勢高校	白子G
	27	白山高校	○	4-2	東陵高校(京都)	白山G
		白山高校	●	6-8	菰野高校	白山G
10	3	白山高校	○	6-2	津工業高校	白山G
		白山高校	●	2-5	津工業高校	白山G
	4	白山高校	●	0-14	鈴鹿高校	鈴鹿G
		白山高校	○	18-2	鈴鹿高校	鈴鹿G
	10	白山高校	●	2-6	名張高校	名張G
		白山高校	○	6-2	名張高校	名張G
	11	白山高校	○	3-2	松阪商業	松商G
		白山高校	●	3-9	松阪商業	松商G
	12	白山高校	●	2-12	宇治山田商業	山商G
		白山高校	●	4-17	宇治山田商業	山商G
	17	白山高校	○	5-4	尾鷲高校	安濃球場
		白山高校	○	3-2	津工業高校	安濃球場
	18	白山高校	●	3-10	暁高校	暁G
		白山高校	○	9-8	暁高校	暁G
	24	白山高校	○	5-4	日野高校	白山G
		白山高校	●	6-12	津商業高校	白山G
	25	白山高校	●	1-3	久居高校	久居G
		白山高校	●	3-5	久居高校	久居G
	31	白山高校	●	2-6	一条高校	一条G
		白山高校	○	11-5	一条高校	一条G
11	1	白山高校	●	3-7	桑名西高校	桑西G
		白山高校	○	9-3	桑名西高校	桑西G
	3	白山高校	○	3-2	昴・鳥羽・飯南	昴G
		白山高校	●	0-5	新宮高校(和歌山)	昴G
	7	白山高校	●	2-5	野洲高校(滋賀)	野洲G
		白山高校	●	6-11	野洲高校(滋賀)	野洲G
	15	白山高校	●	1-3	稲生高校	稲生G
		白山高校	●	2-4	稲生高校	稲生G
	21	白山高校	○	4-3	伊勢高校	白山G
		白山高校	○	9-6	伊勢高校	白山G
	22	白山高校	●	3-6	白子高校	白山G
		白山高校	○	4-3	白子高校	白山G
	23	白山高校	○	6-1	桑名高校	白山G
		白山高校	○	7-1	桑名高校	白山G
	28	白山高校	○	7-1	尾鷲高校	白山G
		白山高校	○	6-2	尾鷲高校	白山G
3	8	白山高校	●	1-10	上野高校	白山G
		白山高校	○	11-4	上野高校	白山G
	9	白山高校	●	0-20	松阪商業	松商G
	12	白山高校	○	1-0	亀山高校	白山G
		白山高校	●	4-10	亀山高校	白山G
	16	白山高校	●	0-12	菰野高校	菰野G
	17	白山高校	●	0-10	白子高校	白子G
	18	白山高校	●	2-3	久居高校	白山G
	21	白山高校	○	9-8	津高校	久居G
	26	白山高校	●	0-10	津西高校	津西G
6	14	白山高校	●	4-7	鳥羽高校	鳥羽G
		白山高校	●	4-5	水産高校	鳥羽G
	20	白山高校	●	1-6	明誠学院(岡山)	明誠G
		白山高校	●	7-8	明誠学院(岡山)	明誠G
	21	白山高校	○	11-6	一宮高校(岡山)	一宮G
		白山高校	●	3-6	一宮高校(岡山)	一宮G
	27	白山高校	○	7-3	名張高校	白山G
		白山高校	○	16-2	名張高校	白山G
	28	白山高校	△	6-6	朝明高校	朝明G
		白山高校	●	2-9	菰野高校	朝明G
7	3	白山高校	○	3-0	白子高校	安濃球場
	4	白山高校	○	6-0	松阪工業	白山G
	11	白山高校	●	5-11	名張桔梗丘	伊勢球場

141試合26勝106敗9分

2015-2016年度

7	28	白山高校	●	1-22	橿原高校(奈良)	橿原G
		白山高校	●	5-17	橿原高校(奈良)	橿原G
	30	白山高校	○	8-1	津工業高校	白山G
	31	白山高校	○	11-3	桜丘高校	白山G
		白山高校	○	11-2	桜丘高校	白山G
8	1	白山高校	△	3-3	伊勢高校	白山G
		白山高校	○	7-2	伊勢高校	白山G
	3	白山高校	●	5-21	大同工大大同	大同G
		白山高校	○	4-3	大同工大大同	大同G
	4	白山高校	●	3-6	松阪商業	松商G
	5	白山高校	○	11-9	岐山高校	白山G
		白山高校	○	6-5	岐山高校	白山G
	7	白山高校	●	1-3	大体大浪商(大阪)	白山G
		白山高校	●	8-11	神戸弘陵(兵庫)	白山G
	9	白山高校	○	9-4	尾鷲高校	白山G
		白山高校	○	13-2	尾鷲高校	白山G
	12	白山高校	●	1-10	久居高校	久居G
	15	白山高校	●	2-21	津西高校	久居G
	22	白山高校	○	8-7	津工業高校	農林G
	23	白山高校	●	4-11	津東高校	農林G
	26	白山高校	●	6-7	伊賀白鳳高校	白山G
		白山高校	●	5-6	伊賀白鳳高校	白山G
	27	白山高校	●	0-23	松阪商業	松商G
		白山高校	●	5-14	松阪商業	松商G
	29	白山高校	○	7-4	久居高校	白山G
		白山高校	○	8-2	津工業高校	白山G
9	5	白山高校	△	8-8	神戸高校	農林G
		白山高校	○	11-3	久居農林	農林G
	6	白山高校	○	3-2	四日市高校	白山G
		白山高校	○	7-5	四日市高校	白山G
	12	白山高校	△	0-0	亀山高校	白山G
		白山高校	●	0-9	高田高校	白山G
	13	白山高校	●	3-4	四日市高校	桑名北G
		白山高校	●	4-6	桑名北高校	桑名北G
	20	白山高校	●	0-7	四日市南高校	四南G
		白山高校	●	2-5	四日市南高校	四南G

6	25	白山高校	●	2-3	伊勢工業高校	白山G
		白山高校	●	0-3	伊勢工業高校	白山G
	26	白山高校	●	3-11	松阪商業高校	白山G
		白山高校	●	1-5	松阪商業高校	白山G
7	2	白山高校	●	5-7	京都すばる(京都)	白山G
		白山高校	●	3-4	京都すばる(京都)	白山G
	3	白山高校	△	4-4	三重高校	白山G
		白山高校	○	10-9	朝明高校	白山G
	5	白山高校	○	15-1	昴学園	白山G
	6	白山高校	○	6-2	松阪工業高校	白山G
	10	白山高校	●	3-5	桑名工業高校	桑工G
		白山高校	●	2-9	桑名工業高校	桑工G
	11	白山高校	●	0-10	津商業高校	津商G
	13	白山高校	○	3-0	亀山高校	白山G
	17	白山高校	●	1-3	相可高校	松阪球場

159試合66勝88敗5分

2016-2017年度

7	23	白山高校	○	8-1	白子高校	白子G
		白山高校	○	11-8	白子高校	白子G
	24	白山高校	○	10-5	尾鷲高校	白山G
		白山高校	●	5-6	尾鷲高校	白山G
	28	白山高校	●	7-11	久居高校	久居G
		白山高校	○	9-6	久居高校	久居G
	29	白山高校	○	10-3	飯南高校	松阪球場
		白山高校	○	15-5	飯南高校	松阪球場
	30	白山高校	○	11-4	西春高校(愛知)	大垣商G
		白山高校	●	1-5	大垣商業(岐阜)	大垣商G
8	1	白山高校	○	16-5	京都大谷(京都)	大谷G
		白山高校	●	7-14	京都大谷(京都)	大谷G
	4	白山高校	○	10-2	高田高校(奈良)	白山G
		白山高校	●	2-3	神戸第一(兵庫)	白山G
	5	白山高校	●	2-8	京都廣学館(京都)	白山G
		白山高校	○	8-2	京都廣学館(京都)	白山G
	9	白山高校	○	5-1	豊田大谷(愛知)	白山G
		白山高校	○	12-2	豊田大谷(愛知)	白山G
	10	白山高校	○	4-2	野洲高校(滋賀)	野洲G
		白山高校	○	9-2	東陵高校(京都)	野洲G
	11	白山高校	○	12-1	上野高校	白山G
		白山高校	●	3-4	上野高校	白山G
		白山高校	○	5-1	上野高校	白山G
	14	白山高校	○	15-5	名張青峰	白山G
		白山高校	○	12-4	名張青峰	白山G
	17	白山高校	●	1-4	久居高校	久居G
	20	白山高校	○	15-2	青山高校	津西G
	21	白山高校	●	2-6	高田高校	津商G
	24	白山高校	●	4-9	近大高専	白山G
	27	白山高校	○	10-1	津東高校	農林G
	31	白山高校	●	0-6	伊賀白鳳	白山G
		白山高校	○	14-2	伊賀白鳳	白山G
9	3	白山高校	○	3-1	高田高校	農林G
	10	白山高校	○	6-5	暁高校	白山G
3	30	白山高校	●	4-7	久居農林	農林G
4	2	白山高校	●	2-8	三重高校	白山G
		白山高校	●	2-9	三重高校	白山G
	3	白山高校	●	0-8	東稜高校(京都)	日野G
		白山高校	○	5-2	日野高校(滋賀)	日野G
	5	白山高校	○	1-0	南伊勢高校	南伊勢G
		白山高校	○	8-5	南伊勢高校	南伊勢G
	9	白山高校	●	2-4	桑名高校	白山G
		白山高校	○	5-4	桑名高校	白山G
	10	白山高校	○	6-2	南山高校(愛知)	白山G
		白山高校	●	3-6	松阪商業高校	白山G
	13	白山高校	○	6-4	津工業高校	白山G
	16	白山高校	○	4-2	神戸高校	白山G
		白山高校	●	1-4	神戸高校	白山G
	17	白山高校	●	0-9	奈良大附属(奈良)	奈良大G
		白山高校	●	1-11	奈良大附属(奈良)	奈良大G
	23	白山高校	○	10-0	四日市農芸	白山G
		白山高校	●	3-7	四日市農芸	白山G
	24	白山高校	●	2-5	四日市中央工業	四中工G
		白山高校	○	8-4	四日市中央工業	四中工G
	29	白山高校	●	1-3	草津高校(滋賀)	白山G
		白山高校	○	4-1	松阪商業	白山G
	30	白山高校	△	4-4	相可高校	相可G
		白山高校	●	3-7	紀南高校	相可G
5	1	白山高校	○	7-2	名張高校	白山G
		白山高校	●	6-7	名張高校	白山G
	3	白山高校	○	7-2	久居高校	白山G
		白山高校	●	2-4	久居高校	白山G
	4	白山高校	○	6-5	松阪工業	白山G
		白山高校	●	8-10	朝明高校	白山G
	7	白山高校	●	2-4	菰野高校	白山G
		白山高校	●	1-4	菰野高校	白山G
	8	白山高校	●	0-4	誉高校(愛知)	高田G
		白山高校	●	5-7	高田高校	高田G
	15	白山高校	●	2-4	暁高校	暁G
		白山高校	○	12-8	暁高校	暁G
	21	白山高校	○	5-0	木本高校	白山G
		白山高校	○	8-4	木本高校	白山G
	22	白山高校	○	8-1	伊賀白鳳高校	白山G
		白山高校	○	7-1	尾鷲高校	白山G
	28	白山高校	●	1-11	津東高校	白山G
		白山高校	○	7-2	津東高校	白山G
	29	白山高校	●	3-8	近大高専	近大G
		白山高校	●	4-7	大成学院(大阪)	近大G
6	4	白山高校	●	3-5	岩津高校(愛知)	白山G
		白山高校	●	1-2	津工業高校	白山G
	11	白山高校	●	1-2	桑名北高校	白山G
		白山高校	○	23-2	桑名北高校	白山G
	12	白山高校	○	3-1	水産高校	白山G
		白山高校	●	7-8	水産高校	白山G
	18	白山高校	●	7-10	武生高校(福井)	大垣南G
		白山高校	●	1-5	大垣南(岐阜)	大垣南G
	19	白山高校	○	2-1	高浜高校(愛知)	岐山G
		白山高校	●	3-9	岐山高校(岐阜)	岐山G

4	4	白山高校	●	6-14	尾鷲高校	白山G
	5	白山高校	○	8-2	朝明高校	白山G
		白山高校	○	8-4	白子高校	白山G
	6	白山高校	○	6-0	桑名高校	白山G
		白山高校	●	3-9	桑名高校	白山G
	9	白山高校	●	4-8	近大高専	近大G
	12	白山高校	●	0-4	松阪商業高校	松阪球場
	15	白山高校	○	12-11	稲生高校	津球場
	16	白山高校	●	3-10	近大高専	松阪球場
	22	白山高校	○	14-5	名古屋国際(愛知)	名国G
		白山高校	○	12-6	名古屋工業(愛知)	名国G
		白山高校	○	2-1	津工業	白山G
		白山高校	○	20-1	津工業	白山G
	23	白山高校	●	2-4	四日市中央工業	四中工G
		白山高校	△	4-4	川越高校	四中工G
	29	白山高校	○	8-7	松阪工業高校	白山G
		白山高校	○	6-4	松阪工業高校	白山G
		白山高校	○	10-2	久居高校	久居G
		白山高校	○	19-4	久居高校	久居G
	30	白山高校	●	1-2	相可高校	相可G
		白山高校	●	5-7	相可高校	相可G
		白山高校	●	4-7	三重高校	白山G
		白山高校	●	1-14	三重高校	白山G
5	3	白山高校	●	2-9	高田高校	白山G
		白山高校	○	16-10	暁高校	白山G
	4	白山高校	○	7-1	上野高校	白山G
		白山高校	○	8-4	南伊勢高校	白山G
	6	白山高校	○	10-6	久居農林	農林G
		白山高校	●	5-6	伊勢工業	農林G
	7	白山高校	●	1-5	海津明誠(岐阜)	白山G
		白山高校	○	13-8	海津明誠(岐阜)	白山G
	14	白山高校	●	2-12	西城陽(京都)	西城陽G
		白山高校	●	2-3	西城陽(京都)	西城陽G
	20	白山高校	○	11-2	伊勢高校	白山G
		白山高校	○	4-0	土岐紅陵(岐阜)	白山G
		白山高校	○	6-3	四日市南高校	白山G
		白山高校	○	10-3	桑名西高校	白山G
	21	白山高校	●	7-10	木本高校	白山G
		白山高校	△	5-5	木本高校	白山G
	26	白山高校	○	5-0	尾鷲高校	白山G
		白山高校	○	5-1	尾鷲高校	白山G
	27	白山高校	●	1-3	関西中央(奈良)	関中G
		白山高校	●	2-5	関西中央(奈良)	関中G
		白山高校	●	3-4	いなべ総合	白山G
		白山高校	●	1-7	いなべ総合	白山G
	28	白山高校	○	12-7	紀南高校	白山G
		白山高校	○	8-6	名張高校	白山G
6	3	白山高校	△	7-7	日高高校(和歌山)	初橋G
		白山高校	●	2-3	初芝橋本(和歌山)	初橋G
		白山高校	●	3-8	菰野高校	白山G
		白山高校	○	7-2	菰野高校	白山G
	4	白山高校	○	11-3	耐久高校(和歌山)	上富田球場
		白山高校	●	1-8	耐久高校(和歌山)	上富田球場
		白山高校	○	21-4	松阪工業高校	白山G
9	10	白山高校	●	3-7	皇學館高校	白山G
	11	白山高校	●	4-15	松阪商業高校	松商G
		白山高校	○	8-7	松阪商業高校	松商G
	17	白山高校	○	10-3	久居高校	津市営
	19	白山高校	●	1-6	いなべ総合学園	伊勢球場
	24	白山高校	●	1-7	尾鷲高校	白山G
	25	白山高校	●	2-6	名古屋国際(愛知)	名国G
		白山高校	●	7-9	名古屋国際(愛知)	名国G
10	1	白山高校	●	3-4	田辺高校(京都)	菰野G
		白山高校	●	3-14	菰野高校	菰野G
	2	白山高校	●	1-7	津商業高校	津商G
		白山高校	●	2-3	津商業高校	津商G
	16	白山高校	●	4-7	京都すばる	翔英G
		白山高校	●	3-10	京都翔英	翔英G
	22	白山高校	○	7-0	亀山高校	白山G
		白山高校	△	6-6	新宮高校(和歌山)	白山G
	23	白山高校	●	1-3	橿原学院(奈良)	白山G
		白山高校	○	4-1	近大新宮(和歌山)	白山G
	29	白山高校	●	5-7	近大高専	近大G
		白山高校	●	7-10	伊勢工業	近大G
	30	白山高校	●	0-7	上宮高校(大阪)	上宮G
		白山高校	○	8-5	上宮高校(大阪)	上宮G
11	3	白山高校	○	13-2	四日市農芸	白山G
		白山高校	●	2-5	四日市農芸	白山G
	5	白山高校	○	11-7	京都国際(京都)	白山G
		白山高校	●	3-7	京都国際(京都)	白山G
	6	白山高校	○	6-5	四日市高校	白山G
		白山高校	●	3-8	四日市高校	白山G
	13	白山高校	○	13-2	上野高校	白山G
		白山高校	○	14-2	上野高校	白山G
	20	白山高校	○	4-0	白子高校	白山G
		白山高校	●	2-3	白子高校	白山G
	23	白山高校	○	9-4	紀南高校	白山G
		白山高校	●	2-4	津工業高校	白山G
	26	白山高校	○	9-2	朝明高校	朝明G
		白山高校	○	16-1	朝明高校	朝明G
		白山高校	○	8-1	朝明高校	朝明G
3	11	白山高校	○	7-2	法隆寺国際(奈良)	白山G
		白山高校	●	0-11	松阪商業高校	白山G
	12	白山高校	●	1-2	野洲高校(滋賀)	野洲G
		白山高校	○	6-5	野洲高校(滋賀)	野洲G
	15	白山高校	●	1-2	松阪工業高校	白山G
	18	白山高校	●	0-8	綾羽高校(滋賀)	綾羽G
		白山高校	●	0-10	彦根工業(滋賀)	綾羽G
	19	白山高校	○	6-5	稲生高校	稲生G
		白山高校	△	6-6	稲生高校	稲生G
	20	白山高校	○	12-6	南伊勢高校	南伊勢G
		白山高校	○	9-1	南伊勢高校	南伊勢G
	25	白山高校	○	8-7	津西高校	久居G
	26	白山高校	○	3-2	久居高校	久居G
	29	白山高校	●	1-9	津商業高校	高田G
4	2	白山高校	●	4-8	津西高校	津西G
		白山高校	●	7-12	水口高校(滋賀)	津西G
	4	白山高校	○	8-7	尾鷲高校	白山G

8	17	白山高校	○	11-3	津西高校	農林G
	19	白山高校	○	15-2	津東高校	津西G
	20	白山高校	●	1-8	津商業高校	農林G
	23	白山高校	○	13-6	高田高校	久居G
	26	白山高校	○	7-0	久居高校	久居G
	31	白山高校	●	6-9	白子高校	白山G
		白山高校	○	10-6	白子高校	白山G
9	1	白山高校	●	6-9	久居高校	白山G
	2	白山高校	△	6-6	各務原(岐阜)	白山G
		白山高校	○	13-6	各務原(岐阜)	白山G
	3	白山高校	○	13-3	四日市南	白山G
		白山高校	○	8-5	京都成章(京都)	白山G
	9	白山高校	○	6-1	草津東(滋賀)	菰野G
		白山高校	●	2-7	菰野高校	菰野G
	10	白山高校	△	3-3	三重高校	津市営
		白山高校	△	2-2	松阪商業高校	津市営
		白山高校	○	5-1	松阪商業高校	津市営
	18	白山高校	○	5-3	伊勢高校	伊勢球場
	19	白山高校	○	9-0	近大高専	松阪球場
	23	白山高校	●	4-5	いなべ総合学園	松阪球場
	24	白山高校	○	4-2	橿原学院(奈良)	白山G
		白山高校	○	6-5	橿原学院(奈良)	白山G
	30	白山高校	○	2-1	亀山高校	桔梗G
		白山高校	●	7-9	名張青峰高校	桔梗G
10	1	白山高校	○	18-5	南伊勢高校	白山G
		白山高校	○	3-2	皇學館高校	白山G
	7	白山高校	○	6-0	久居農林	農林G
	14	白山高校	○	9-5	津西高校	津西G
	28	白山高校	●	1-2	津商業高校	津商G
11	3	白山高校	○	5-2	四日市農芸	白山G
		白山高校	●	6-8	四日市農芸	白山G
	4	白山高校	○	12-9	水産高校	白山G
		白山高校	○	10-4	水産高校	白山G
	5	白山高校	●	12-14	高田商業(奈良)	高商G
		白山高校	●	5-9	高田商業(奈良)	高商G
	12	白山高校	●	7-17	中京大中京(愛知)	中京G
		白山高校	●	8-16	中京大中京(愛知)	中京G
	19	白山高校	●	3-4	京都国際(京都)	白山G
		白山高校	○	9-3	松阪商業高校	白山G
	23	白山高校	○	8-3	久居高校	久居G
		白山高校	●	5-8	上野高校	久居G
	25	白山高校	●	5-6	朝明高校	白山G
		白山高校	○	12-3	朝明高校	白山G
		白山高校	○	21-2	朝明高校	白山G
	20	白山高校	●	0-4	二重高校	白山G
3	9	白山高校	●	6-9	近大高専	近大G
	10	白山高校	○	11-0	明野高校	白山G
		白山高校	●	5-6	水口高校(滋賀)	白山G
	11	白山高校	○	5-0	岐阜聖徳(岐阜)	聖徳G
		白山高校	●	8-10	岐阜聖徳(岐阜)	聖徳G
	14	白山高校	●	5-7	飯南高校	飯南G
	17	白山高校	●	2-5	綾羽高校(滋賀)	綾羽G
		白山高校	○	3-1	綾羽高校(滋賀)	綾羽G
	18	白山高校	○	8-4	久御山(京都)	白山G
6	4	白山高校	○	16-10	松阪工業高校	白山G
	10	白山高校	△	13-13	近大高専	近大G
		白山高校	○	6-5	畝傍高校(奈良)	近大G
		白山高校	●	9-11	三重高校	白山G
		白山高校	●	5-27	三重高校	白山G
	11	白山高校	●	11-12	野洲高校(滋賀)	野洲G
		白山高校	●	2-6	野洲高校(滋賀)	野洲G
	17	白山高校	○	8-4	飯南高校	白山G
		白山高校	●	5-6	日野高校(滋賀)	白山G
	18	白山高校	●	4-8	岩津高校(愛知)	白山G
		白山高校	●	5-6	近大新宮(和歌山)	白山G
	24	白山高校	○	4-2	中部第一(愛知)	白山G
		白山高校	●	8-14	田辺高校(京都)	白山G
	29	白山高校	○	2-1	伊賀白鳳	伊賀市営
		白山高校	○	7-3	伊賀白鳳	伊賀市営
7	1	白山高校	○	4-3	京都すばる(京都)	綾羽G
		白山高校	●	2-7	綾羽高校(滋賀)	綾羽G
	2	白山高校	○	3-0	桑名工業	霞ヶ浦
		白山高校	●	5-6	金谷高校(静岡)	霞ヶ浦
	8	白山高校	●	0-8	松阪商業高校	白山G
		白山高校	○	7-4	高田高校	白山G
	9	白山高校	○	13-12	稲生高校	白山G
		白山高校	○	5-3	稲生高校	白山G
	15	白山高校	○	6-4	四日市西高校	伊勢球場
	18	白山高校	○	8-0	神戸高校	津球場
	22	白山高校	●	3-6	菰野高校	霞ヶ浦
152試合78勝68敗6分						

2017-2018年度

7	24	白山高校	●	6-7	四日市中央工業	白山G
		白山高校	○	7-3	四日市中央工業	白山G
	27	白山高校	○	16-15	飯南高校	伊賀市営
		白山高校	●	4-5	伊賀白鳳	伊賀市営
	29	白山高校	○	7-2	大垣商業(岐阜)	大商G
		白山高校	○	5-2	西春高校(愛知)	大商G
	30	白山高校	○	4-3	安城高校(愛知)	安城G
		白山高校	○	11-2	名市工芸(愛知)	安城G
	31	白山高校	○	6-3	桑名西高校	桑西G
		白山高校	○	6-5	桑名西高校	桑西G
8	2	白山高校	●	1-7	汎愛高校(大阪)	汎愛G
		白山高校	○	14-10	汎愛高校(大阪)	汎愛G
	4	白山高校	○	17-7	朝明高校	朝明G
		白山高校	○	10-10	六甲アイランド(兵庫)	朝明G
	8	白山高校	●	5-7	奈良大附属(奈良)	奈良大G
		白山高校	○	3-0	京都文教(京都)	奈良大G
	10	白山高校	●	3-5	野洲高校(滋賀)	白山G
		白山高校	○	5-3	野洲高校(滋賀)	白山G
	11	白山高校	○	2-1	伊勢高校	白山G
	12	白山高校	○	6-5	乙訓高校(京都)	乙訓G
		白山高校	●	4-6	乙訓高校(京都)	乙訓G
	14	白山高校	○	7-2	松阪高校	白山G
		白山高校	○	9-4	松阪高校	白山G

5	17	白山高校	○	14-8	久居高校	安濃球場
	19	白山高校	△	5-5	木本高校	白山G
		白山高校	○	8-2	土岐紅陵(岐阜)	白山G
		白山高校	○	14-3	久居農林	農林G
		白山高校	○	16-13	久居農林	農林G
	20	白山高校	●	2-9	海津明誠(岐阜)	海津G
		白山高校	○	9-2	工大福井(福井)	海津G
		白山高校	●	3-7	海星高校	海星G
		白山高校	●	4-10	海星高校	海星G
	25	白山高校	○	6-2	いなべ総合	いなべG
		白山高校	○	11-2	いなべ総合	いなべG
		白山高校	●	3-7	いなべ総合	白山G
		白山高校	●	0-12	いなべ総合	白山G
	26	白山高校	○	6-5	関西中央(奈良)	関中G
		白山高校	○	7-1	関西中央(奈良)	関中G
		白山高校	○	12-1	津田学園	白山G
		白山高校	●	1-5	津田学園	白山G
	27	白山高校	●	1-3	近大新宮(和歌山)	白山G
		白山高校	●	1-8	近大新宮(和歌山)	白山G
6	2	白山高校	○	10-0	高田高校(奈良)	白山G
		白山高校	●	4-9	高田高校(奈良)	白山G
		白山高校	○	13-1	名古屋工業(愛知)	名工G
		白山高校	○	11-10	名古屋工業(愛知)	名工G
	3	白山高校	○	9-2	紀南高校	白山G
		白山高校	○	11-5	皇學館高校	白山G
		白山高校	○	9-4	大垣商業(岐阜)	大商G
		白山高校	●	5-13	大垣商業(岐阜)	大商G
	9	白山高校	○	10-7	市立堺(大阪)	松商G
		白山高校	○	4-3	松阪商業高校	松商G
		白山高校	△	1-1	奈良大附属(奈良)	白山G
		白山高校	●	2-3	奈良大附属(奈良)	白山G
	10	白山高校	●	6-7	京都大谷(京都)	大谷G
		白山高校	●	7-14	京都大谷(京都)	大谷G
	16	白山高校	●	2-4	神戸弘陵(兵庫)	弘陵G
		白山高校	△	4-4	東岡山工業(岡山)	弘陵G
		白山高校	○	5-3	津商業高校	白山G
		白山高校	○	10-5	高田商業(奈良)	白山G
	17	白山高校	○	4-2	加古川北(兵庫)	加古北G
		白山高校	○	15-3	葺合高校(兵庫)	加古北G
		白山高校	△	2-2	近大高専	白山G
		白山高校	●	5-7	近大高専	白山G
	23	白山高校	○	9-1	岐阜総合(岐阜)	名国G
		白山高校	●	1-4	海星高校	白山G
	24	白山高校	●	3-7	中部第一(愛知)	中部大G
		白山高校	○	9-8	豊田南(愛知)	中部大G
	30	白山高校	△	5-5	京都すばる(京都)	白山G
		白山高校	●	1-7	京都すばる(京都)	白山G
7	1	白山高校	●	4-7	初芝橋本(和歌山)	初橋G
		白山高校	○	20-8	村野工業(兵庫)	初橋G
		白山高校	○	12-7	上野高校	白山G
		白山高校	○	20-2	上野高校	白山G
	3	白山高校	○	5-3	飯南高校	飯南G
	4	白山高校	●	5-10	久居高校	久居G
	8	白山高校	●	0-1	伊勢高校	白山G

3	18	白山高校	○	7-5	久御山(京都)	白山G
	22	白山高校	○	7-0	金谷高校(静岡)	白山G
		白山高校	○	5-2	金谷高校(静岡)	白山G
	25	白山高校	○	5-3	久居農林	久居G
	27	白山高校	●	3-4	野洲高校(滋賀)	野洲G
		白山高校	○	12-4	野洲高校(滋賀)	野洲G
	28	白山高校	○	11-0	津西高校	津西G
4	1	白山高校	○	18-3	日野高校(滋賀)	日野G
		白山高校	○	6-3	京都文教(京都)	日野G
	4	白山高校	△	4-4	常葉菊川(静岡)	常葉G
		白山高校	○	6-5	常葉菊川(静岡)	常葉G
	5	白山高校	○	6-4	朝明高校	朝明G
		白山高校	○	12-2	桑名高校	朝明G
	6	白山高校	○	11-4	水産高校	白山G
		白山高校	●	3-5	水産高校	白山G
	7	白山高校	○	3-2	西城陽(京都)	西城陽G
		白山高校	●	4-11	西城陽(京都)	西城陽G
	8	白山高校	○	13-4	名古屋工業(愛知)	名工G
		白山高校	○	15-2	東海商業(愛知)	名工G
	12	白山高校	○	7-4	白子高校	白山G
	14	白山高校	○	10-1	暁高校	津球場
	15	白山高校	○	11-4	木本高校	伊勢球場
	21	白山高校	●	0-3	菰野高校	伊勢球場
	22	白山高校	●	8-14	栄徳高校(愛知)	栄徳G
		白山高校	●	4-7	名古屋国際(愛知)	栄徳G
		白山高校	●	5-17	暁高校	白山G
		白山高校	△	6-6	暁高校	白山G
	28	白山高校	●	2-6	松阪商業	松商G
		白山高校	○	12-8	松阪商業	松商G
		白山高校	○	4-2	松阪工業	白山G
		白山高校	●	11-16	松阪工業	白山G
	29	白山高校	○	5-3	四日市中央工業	白山G
		白山高校	○	9-8	四日市中央工業	白山G
		白山高校	●	5-6	愛知黎明(愛知)	黎明G
		白山高校	△	7-7	愛知黎明(愛知)	黎明G
	30	白山高校	●	2-4	津西高校	津西G
		白山高校	○	7-1	新宮高校(和歌山)	津西G
		白山高校	△	7-7	三重高校	白山G
		白山高校	●	5-10	三重高校	白山G
5	3	白山高校	○	15-0	相可高校	相可G
		白山高校	○	6-3	相可高校	相可G
		白山高校	●	1-5	津商業高校	白山G
		白山高校	●	3-4	津商業高校	白山G
	4	白山高校	○	15-4	桑名西高校	桑西G
		白山高校	○	6-3	桑名西高校	桑西G
		白山高校	○	16-4	宇治山田商業	白山G
		白山高校	●	3-21	宇治山田商業	白山G
	6	白山高校	○	8-4	平城高校(奈良)	平城G
		白山高校	○	7-1	平城高校(奈良)	平城G
		白山高校	●	8-9	松阪商業高校	白山G
		白山高校	●	3-8	松阪商業高校	白山G
	12	白山高校	○	8-3	久居農林	農林G
		白山高校	△	9-9	久居高校	白山G
	13	白山高校	○	14-3	四日市商業	四商G

10	7	白山高校	○	10-3	津東高校	農林G
		白山高校	●	3-10	橿原学院(奈良)	橿学G
		白山高校	●	1-4	橿原学院(奈良)	橿学G
	8	白山高校	●	5-6	津商業高校	久居G
		白山高校	○	6-1	吉野・二階堂(奈良)	白山G
		白山高校	●	4-8	八百津高校(岐阜)	白山G
	13	白山高校	○	8-1	久居高校	白山G
	14	白山高校	●	5-9	津商業高校	白山G
		白山高校	●	3-4	瀬戸高校(愛知)	白山G
		白山高校	○	9-6	瀬戸高校(愛知)	白山G
	18	白山高校	●	4-5	伊賀白鳳	白山G
	19	白山高校	●	2-9	久居高校	白山G
	20	白山高校	●	2-12	近大新宮(和歌山)	白山G
		白山高校	○	10-9	近大新宮(和歌山)	白山G
	21	白山高校	○	13-7	上野高校	上野G
		白山高校	○	11-1	上野高校	上野G
		白山高校	●	3-4	松阪高校	白山G
		白山高校	△	8-8	松阪高校	白山G
	27	白山高校	●	6-8	宇治山田商業	山商G
		白山高校	●	2-5	岐阜総合(岐阜)	山商G
		白山高校	●	1-3	津商業高校	白山G
		白山高校	●	5-11	津商業高校	白山G
	28	白山高校	○	9-7	高田商業(奈良)	高商G
		白山高校	○	12-7	高田商業(奈良)	高商G
		白山高校	△	2-2	三重高校	白山G
		白山高校	●	4-14	三重高校	白山G
11	3	白山高校	○	12-7	四日市農芸	白山G
		白山高校	○	8-3	四日市農芸	白山G
	4	白山高校	○	7-4	白子高校	白山G
		白山高校	○	10-0	白子高校	白山G
	11	白山高校	●	0-4	京都翔英(京都)	翔英G
		白山高校	△	9-9	坂井高校(福井)	翔英G
		白山高校	○	4-2	松阪高校	白山G
		白山高校	○	14-7	松阪高校	白山G
	17	白山高校	●	2-9	宇治山田商業	いな総G
		白山高校	○	18-2	伊賀白鳳	白山G
		白山高校	●	1-3	伊賀白鳳	白山G
	18	白山高校	●	2-6	菰野高校	津西G
		白山高校	○	6-5	名張高校	白山G
		白山高校	●	3-6	京都大谷(京都)	白山G
	23	白山高校	●	4-12	いなべ総合	いな総G
		白山高校	○	6-2	水産高校	白山G
		白山高校	●	1-5	水産高校	白山G
	24	白山高校	○	9-5	朝明高校	白山G
		白山高校	○	14-2	朝明高校	白山G
		白山高校	○	12-1	朝明高校	白山G
		白山高校	●	6-7	飯南・南伊勢	南伊勢G
		白山高校	●	7-13	飯南・南伊勢	南伊勢G
	25	白山高校	●	3-4	三重高校	白山G
		白山高校	●	5-8	三重高校	白山G
		白山高校	△	5-5	三重高校	三重G
		白山高校	●	2-5	三重高校	三重G
77試合37勝37敗3分						
B戦12試合2勝7敗3分						

(2018年11月25日現在)

7	8	白山高校	○	17-10	伊勢高校	白山G
	9	白山高校	●	5-6	松阪商業高校	松商G
	11	白山高校	●	2-6	津商業高校	白山G
	14	白山高校	○	10-3	四日市南高校	津球場
	17	白山高校	○	11-3	上野高校	津球場
	21	白山高校	○	4-3	菰野高校	津球場
	22	白山高校	○	4-3	暁高校	松阪球場
	24	白山高校	○	6-5	海星高校	霞ヶ浦
	25	白山高校	○	8-2	松阪商業高校	霞ヶ浦

第100回全国高等学校選手権大会　甲子園

8	11	白山高校	●	0-10	愛工大名電(愛知)	甲子園球場
160試合102勝51敗7分						
B戦　39試合13勝18敗8分						

2018-2019年度

8	13	白山高校	●	4-8	伊賀白鳳高校	白山G
		白山高校	●	8-10	伊賀白鳳高校	白山G
	16	白山高校	●	0-9	津工業高校	白山G
		白山高校	○	9-0	津工業高校	白山G
	17	白山高校	○	14-10	松阪商業高校	松商G
		白山高校	●	5-16	松阪商業高校	松商G
		白山高校	○	4-3	名古屋国際(愛知)	名国G
	21	白山高校	●	0-3	草津東(滋賀)	草津東G
		白山高校	△	4-4	洛東高校(京都)	草津東G
	22	白山高校	●	1-9	立命館宇治(京都)	綾羽G
		白山高校	●	3-11	綾羽高校(滋賀)	綾羽G
	25	白山高校	○	10-5	小牧工業(愛知)	小牧工G
		白山高校	●	6-7	江南高校(愛知)	小牧工G
	26	白山高校	●	7-11	津商業高校	農林G
	27	白山高校	●	1-5	野洲高校(滋賀)	野洲G
		白山高校	●	3-6	野洲高校(滋賀)	野洲G
	28	白山高校	●	4-9	金光大阪(大阪)	金光G
		白山高校	○	4-3	金光大阪(大阪)	金光G
	29	白山高校	○	12-8	水口高校(滋賀)	甲賀スタジアム
		白山高校	●	3-7	水口高校(滋賀)	甲賀スタジアム
9	2	白山高校	●	3-4	久居農林	農林G
	5	白山高校	●	0-3	松阪商業高校	松商G
		白山高校	○	5-3	松阪商業高校	松商G
	9	白山高校	○	12-2	京都成章(京都)	白山G
		白山高校	○	8-6	四日市南高校	白山G
	15	白山高校	●	2-5	鈴鹿高校	津球場
	16	白山高校	○	4-2	久居農林	農林G
		白山高校	○	10-6	久居農林	農林G
	17	白山高校	○	25-2	桑名北高校	白山G
		白山高校	○	13-6	桑名北高校	白山G
	22	白山高校	○	8-1	久居高校	久居G
		白山高校	○	4-2	久居高校	久居G
	23	白山高校	△	2-2	多治見工(岐阜)	白山G
		白山高校	●	0-13	多治見工(岐阜)	白山G
	24	白山高校	○	13-2	四日市工業	白山G
		白山高校	○	14-1	四日市工業	白山G

白山高校野球部 2013-2018

2013年

2014年

2015年

2016年

2017年

2018年

あとがき

白山高校の甲子園出場の報を聞いた瞬間、私は「なぜこの高校が甲子園に出られたのか？」という単純な興味を抑えきれなかった。三重大会決勝戦から5日後の7月30日、私は初めて名松線に乗り、白山高校へと足を運んだ。どんな高校なのか、この目で確かめてみたかった。

霧が吹く小高い山々、ささやかに流れる農業用水路、ひと気のない小路。街道を走る車以外には誰にもすれ違うことなく、高校に到着する。校門をまたぐと、左手の校舎に「祝　甲子園出場　白山高校」という大きな垂れ幕が下がっていた。強風に飛ばされることを警戒してか、ところどころ紐で強く縛られているため、垂れ幕を横から見るとガタガタとぎこちない段ができていた。いかにも不自然な垂れ幕に、白山高校の快挙に対する不慣れぶりが伝わってきた。

甲子園メンバーは三重県庁での祝典に出席するため、早々に練習を切り上げた。前日の大雨の影響でグラウンドは使用できず、残ったメンバーは体育館で室内練習に励んだ。翌日に校内で開かれる野球部の壮行会に向けて並べられたパイプ椅子をよけるように、30人以上のメンバーがキャッチボールをしたり、トレーニングに取り組む。「そこまでして練習するか？」という多少の違和感はあったものの、どこにでもあるような公立高校のごく普通の野球部に見えた。

ところが練習の合間、ある1年生部員が池山桂太コーチのもとに近づき、その筋肉で盛り上がった胸をツンツンと突いた。池山コーチはその行為を軽くいなし、部員と談笑する。強豪野球部なら戦慄が走りそうな「指導者イジリ」に驚いていると、池山コーチは「白山では当たり前の光景です」と言った。当日エスコートしてくれた諸木康真コーチも「白山では『これ以上やったら怒る』という許容範囲を広げないと、やっていけないんです」と苦笑した。

それからは甲子園大会中、大会後を含めて白山の練習に何度も足を運んだ。東拓司監督や選手たちに数々の疑問をぶつけていった。だが、私は当初の目的である「なぜ白山は甲子園に出られたのか?」という疑問への核心をついた答えを見つけられずにいた。しまいには東監督から、「なんで出られたんやと思います?」という逆質問をぶつけられ、返答に困ることもあった。

白山こそ、高校野球のあるべき姿ですよね――。

取材を進めていくなかで、メディア関係者や高校野球ファンから、こんな言葉を耳にすることもあった。野球部長の川本牧子先生は大会期間中、甲子園球場を訪れるたびにスタンドのファンからこんな声をかけられたという。

「白山を見ていると、昔の高校野球ってこうやったなぁって思い出すんや。だから白山が甲子園に出てくれて、ほんまにうれしいんや」

高校野球が「夏の風物詩」と呼ばれるほどの国民的なイベントになりえた大きな要因に、「地域性」が挙げられる。8月のお盆の時期に全国の都道府県の代表校が戦い、しかもNHKによって全試合が生中継される。いかにも郷土愛を刺激される仕組みがあるのだ。

ところが、近年の高校野球は2年以上続けて甲子園に出場し続ける常連校が多く、各地区の代表校の顔ぶれがある程度固定されてきた感がある。中学時代から注目されたエリートをスカウトし、なかには「野球留学」という形で招き入れる強豪私学も珍しくない。

多様化する現代の価値観に歩を合わせるように、中学生が卒業後に進む道も専門化・先鋭化が進んでいる。力量が認められた者が進む高校は自ずとスポーツに力を入れる強豪へと絞られていく。

白山は、そんなエリート校とは対照的なチームだった。3年生のほとんどは志望校の受験に失敗して、行くあてがないまま白山へと入学してきている。10年連続地方大会初戦敗退。偏差値の低い底辺校。2時間に1本しか電車が来ない過疎地。そして、「リアル・ルーキーズ」のキャッチフレーズ。そのすべてが彼らの実像をとらえていたかは別にして、あらゆる情報が浮世離れしていた。平成最後の甲子園、ましてや100回大会という節目にこんな漫画のようなチームが出てしまうことに、天の配剤を感じずにはいられなかった。

高校野球には古くから判官贔屓の文化がある。力量の劣るチームが強豪に善戦すれば、スタンドのファンは露骨に「番狂わせ」を期待した歓声や拍手をグラウンドに向ける。そんな波乱愛好家にとっても、近年の高校野球はエリート軍団が勝ち上がる、食い足りない大会に映っていたのかもしれない。そして多くの人々が白山の甲子園出場に驚き、歓迎の声をあげたのは、時代の流れに対する痛快なカウンターパンチに見えたからではないか。

ただ、白山が「高校野球のあるべき姿」かといえば、私にはわからない。〝高校野球観〟は人それぞれなので、そう思っている人を否定するつもりはない。ただ、15歳にして厳しい環境に身を置き、高いレベルを目指して鍛錬の日々を過ごすエリート校の球児に対して「君たちは高校野球のあるべき姿ではない」と誰が言えるのだろうか。だから個人的には、高校野球界にはびこる判官贔屓の文化は、あまり理解ができなかった。

だが、白山の奇跡はその内実を知れば知るほど、もう「あるべき姿」なんかどうでもいいと思わせるエネルギーがあった。取材を重ねるうちに、私のなかに「このとびきり面白い物語をひとりでも多くの人に届けたい」というシンプルな欲求が芽生えていた。

「白山高校が甲子園に行けるということは、全国のどの学校でも甲子園に行ける可能性があるということですからね」

そう言ったのは、青木隆真さん・真朔さん兄弟の父・義則さんだった。私はこの言葉にたどり着くために、白山野球部の取材を続けてきたような気がした。

ライターとして甲子園常連校の取材をしていると、時に自分の高校時代を顧みて思い知らされることがある。「こんなに才能があるヤツらがここまで命懸けで努力していたら、とりたてて才能もなく練習量も中途半端な自分たちが甲子園なんか行けるわけがなかったな……」と。

それでも、今でも夢に見ることがある。あの黒土を踏みしめ、独特なイントネーションのアナウンスで名前を呼ばれ、アルプススタンドの大歓声を受ける自分の姿を。

白山高校が成し遂げたことは、誰もができることではない。だが、誰もが起こしうることでもある。だから私は、そして白山の町は、そして甲子園球場に集まった大観衆は、白山の野球に希望を見たのではないだろうか。

下剋上を夢見るすべての球児の願望を具現化したチーム。それが白山高校だった。

２０１９年２月　菊地高弘

菊地高弘

Takahiro Kikuchi

1982年生まれ。野球専門誌『野球小僧』『野球太郎』の編集者を経て、ライターとして独立。『中学野球太郎』誌上では打者として有望中学生投手と真剣勝負する「菊地選手のホームランプロジェクト」を連載中。著書に『巨人ファンはどこへ行ったのか?』(イースト・プレス)、『野球部あるある』シリーズ(「菊地選手」名義/集英社)がある。 Twitterアカウント:@kikuchiplayer

ブックデザイン
松坂 健(TwoThree)

写真
大友良行

DTPオペレーション
株式会社ライブ

編集協力
梶垣伸介

編集
滝川 昂、小室 聡(カンゼン)

取材協力
白山高校/菰野高校/海星高校/松阪商業高校/
三重高校/いなべ総合学園高校/津工業高校/
宇治山田商業高校/愛工大名電高校/野洲高校/
八日市高校/津リトルシニア/アマチュア野球界昭和56年会

本文中に登場する人物名は敬称略とさせていただきました。

下剋上球児

三重県立白山高校、甲子園までのミラクル

発行日　2019年 3 月28日　初版
　　　　2023年11月20日　第5刷　発行

著　者　菊地高弘
発行人　坪井義哉
発行所　株式会社カンゼン
　　　　〒101-0021
　　　　東京都千代田区外神田2-7-1 開花ビル
　　　　TEL 03(5295)7723
　　　　FAX 03(5295)7725
　　　　http://www.kanzen.jp/
　　　　郵便為替 00150-7-130339
印刷・製本　株式会社シナノ

ISBN 978-4-86255-499-4
Printed in Japan
定価はカバーに表示してあります。